My first book of Southern African Animal Tracks

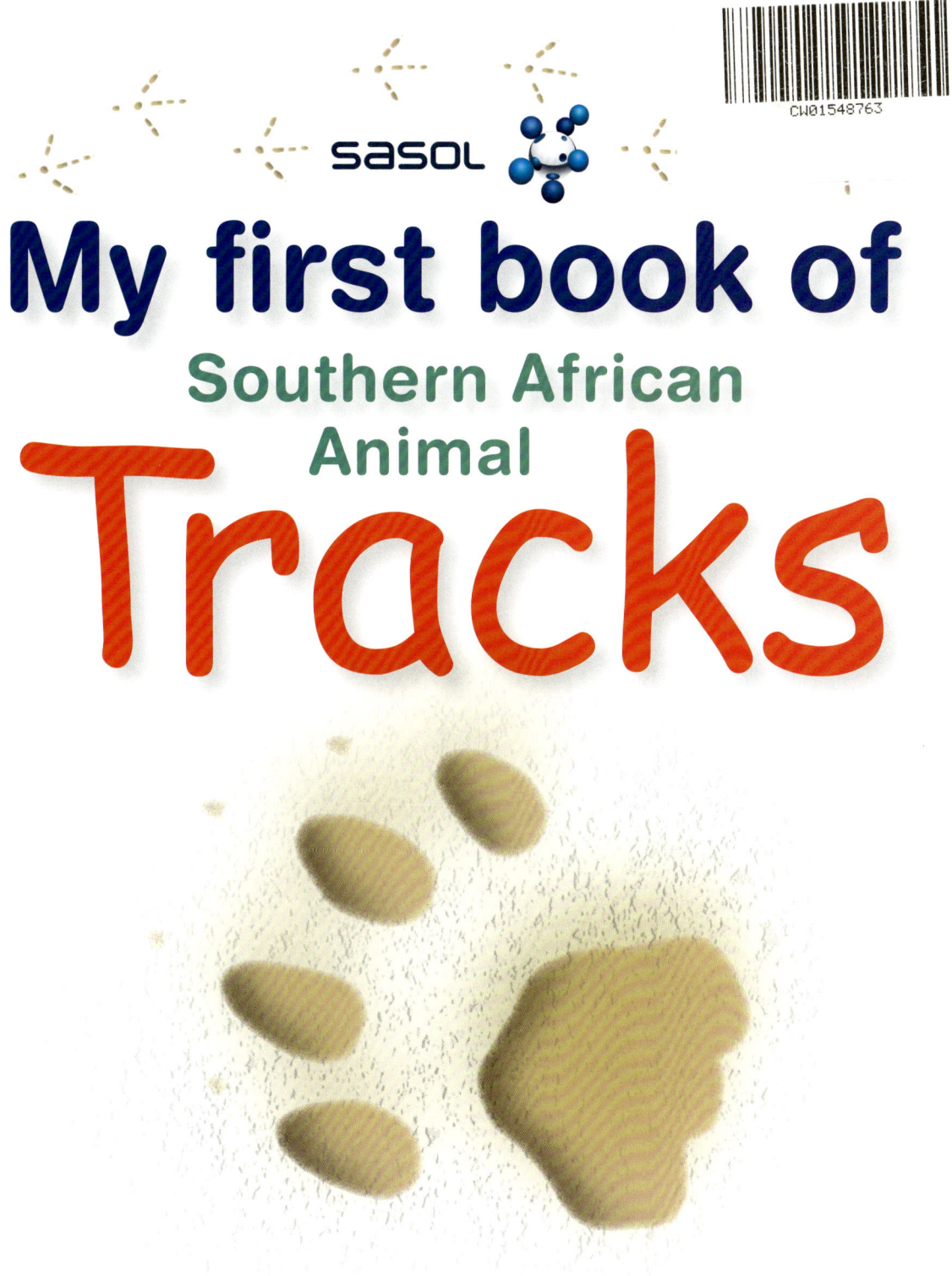

Chris & Mathilde Stuart

Afrikaanse teks in rooi

Umbhalo wesiZulu uluhlaza okwesibhakabhaka

Isikhokelo sesiXhosa sikwikhasi eliluhlaza

Introduction Inleiding Isingeniso Intshayelelo

This book will help you to recognise some of the different animal tracks that you will discover on a trip to a nature reserve or game park. Most tracks in the book are life-sized. Place your hand over the prints to compare sizes.

Hierdie boek sal jou help om sommige van die verskillende dierespore te herken wat jy op 'n uitstappie na 'n natuurreservaat of 'n wildtuin sal raakloop. Die meeste van die spore in die boek is net so groot soos die regte spore. Plaas jou hand oor die spore om groottes te vergelyk.

Le ncwadi izokusiza ukuthi ukwazi ukubona eminye imikhondo yezilwane ezahlukene ongakwazi ukuzibona uma uvakashele ezindaweni ezigcina izilwane zasendle. Imikhondo eminingi lapha encwadini ilingana neyangempela. Beka isandla sakho kumnyatheliso wemikhondo wezinyawo zezilwane ukuze uqhathanise ubukhulu bayo.

Le ncwadi iza kukunceda ukwazi ukuqonda inxalenye yemizila yezilwanyana eyahlukileyo oza kuyifumanisa kuhambo oluya kwindawo yolondolozo lwezendalo okanye kwindawo egcina izilwanyana. Imizila emininzi ekule ncwadi mikhulu kangangeyokwenene. Beka isandla sakho phezu kokuprintiweyo ukuze uthelekise ubukhulu.

Where to look for tracks Waar om na spore te soek
Lapho ungabheka khona imikhondo Uyikhangela phi imizila

You will find many tracks around water, where animals and birds gather to drink.

Jy sal baie spore by water aantref waar diere en voëls bymekaarkom om water te drink.

Uyokwazi ukuthola imikhondo eminingi ngasendaweni enamanzi, lapho izilwane nezinyoni zihlangana khona kuzophuza.

Uza kufumana imizila emininzi kufutshane namanzi, apho izilwanyana neentaka zingungelana khona zize kusela.

Firm damp sand shows tracks more clearly than **dry loose sand**.

Ferm, klam sand wys spore baie duideliker as **droë, los sand**.

Isihlabathi esiqinile futhi esiswakeme sibonisa imikhondo yezilwane ngokucace kakhulu ukwedlula **isihlabathi esomile**.

Isanti efumileyo ebumbeneyo iyibonisa ngokucace kakhulu **kunesanti eyomileyo engabumbenanga**.

Tips for tracking Wenke vir spoorsny
Amathiphu okulandela imikhondo Iingcebiso zokulandela umzila

- Don't walk over tracks or you will smudge them.
- Look all around you as you go.
- Move quietly.
- Tracks are easiest to see in the mornings and evenings.
- Try to guess what the animal was doing.
- Keep a safe distance from wild animals.

- Moenie oor spore loop nie want jy sal hulle smeer.
- Kyk oral om jou rond terwyl jy loop.
- Beweeg baie saggies.
- Dit is die maklikste om spore in die oggend en in die aand te sien.
- Probeer om te raai wat die dier besig was om te doen.
- Bly op 'n veilige afstand van wilde diere af.

- Ungahambi emikhondweni yezilwane ngoba uzoyicima.
- Bheka yonke indawo lapho uhamba khona.
- Hamba buthule.
- Kulula ukubona imikhondo ekuseni kanye nakusihlwa.
- Zama ukuqagela ukuthi besenzani isilwane lapho.
- Hambela kude nezilwane zasendle.

- Musa ukunyathela phezu kwayo imizila ngoba uza kuyonakalisa.
- Jonga kuyo yonke indawo ekungqongileyo njengokuba uhamba.
- Hamba ngokuthe cwaka.
- Kulula kakhulu ukuyibona imizila kusasa nangokuhlwa.
- Zama ukuthelekelela ukuba besisenza ntoni isilwanyana eso.
- Gcina umgama okhuselekileyo phakathi kwakho nezilwanyana ezinoburhalarhume.

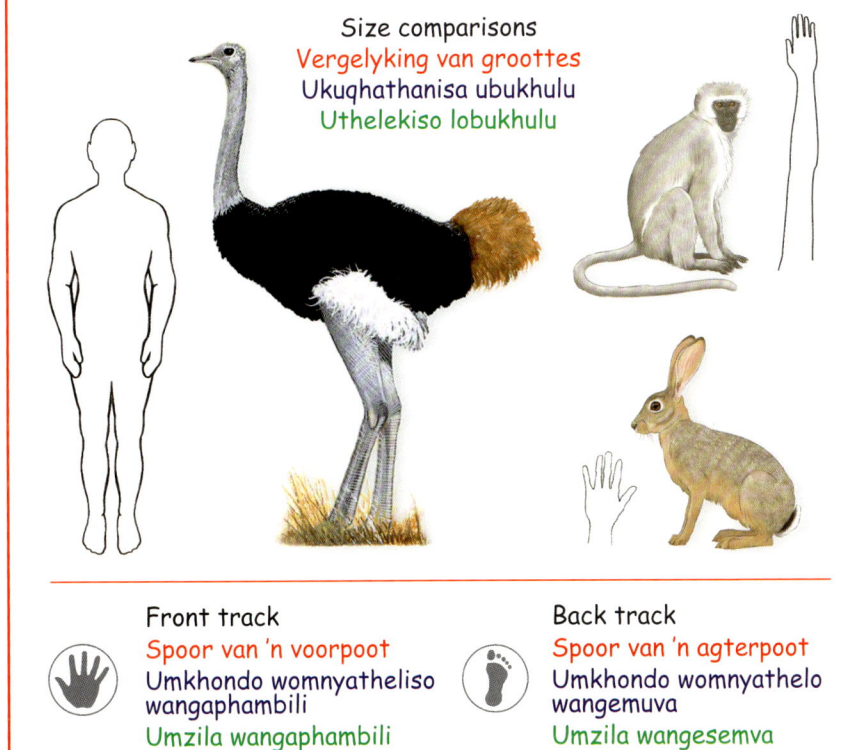

Size comparisons
Vergelyking van groottes
Ukuqhathanisa ubukhulu
Uthelekiso lobukhulu

Front track
Spoor van 'n voorpoot
Umkhondo womnyatheliso wangaphambili
Umzila wangaphambili

Back track
Spoor van 'n agterpoot
Umkhondo womnyathelo wangemuva
Umzila wangesemva

Savanna Elephant

Elephants are the largest mammals that live on land. They also have the biggest footprints! Their front tracks are the size of dinner plates, and their back tracks are egg-shaped.

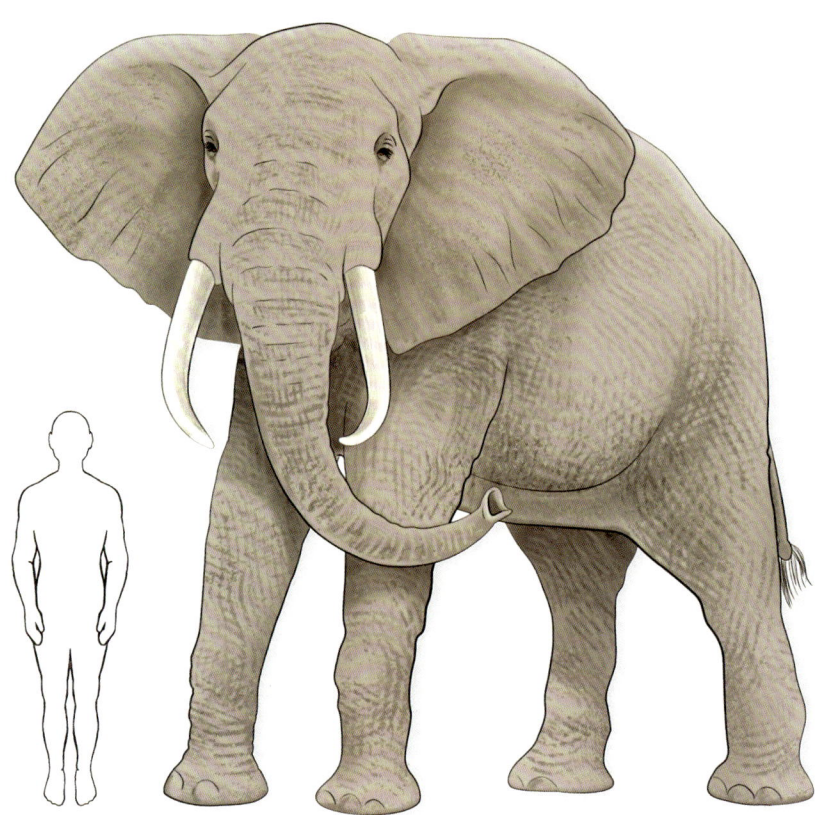

Savanne-olifant

Olifante is die grootste soogdiere wat op die land woon. Hulle het ook die grootste spore! Die spore van hul voorpote is so groot soos borde en die spore van hul agterpote is eiervormig.

Indlovu Yasemathafeni

Izindlovu phela ziyizilwane ezinkulu kunazo zonke kwezincelisayo eziphila ezweni. Kanti futhi zineminyatheliso yamasondo amakhulu kakhulu! Imikhondo yeminyatheliso yayo yangaphambili ingalingana nepuleti lokudlela, kanti imikhondo yeminyatheliso yazo yemilenze yangemuva imise okweqanda.

Indlovu yamaThafa

Iindlovu zezona zilwanyana zinkulu ezihlala emhlabeni. Kwaye zineyona mizila yamanqina mikhulu! Imizila yazo yangaphambili ilingana neepleyiti zokudla isidlo sangokuhlwa, ize imizila yazo yangasemva imile okweqanda.

Square-lipped (White) Rhinoceros

Rhinos leave huge tracks in mud around waterholes and in grassy areas. Look for the marks made by their three big toenails and the pad of each foot. Their middle toe is the largest.

Witrenoster

Renosters maak groot spore in die modder by watergate asook in grasagtige gebiede. Wees op die uitkyk vir die merke wat deur hul drie groot toonnaels sowel as die kussinkie van elke poot gemaak word. Hul middeltone is die langste.

Ubhejane onezindebe eziyisikwele (Ubhejane Omhlophe)

Obhejane bashiya eminyatheliso yemikhondo emikhulu odakeni eduzane nezindawo ezinamanzi kanye nasezindaweni ezinotshani. Bheka omaka abenziwe amazipho ezinzwane zazo ezintathu ezinkulu kanye nokunyathela konyawo ngalunye. Uzwane lwazo oluphakathi nendawo yilona olukhulu kakhulu.

Imikhombe (Emhlophe) emilebe isikwere

Imikhombe ishiya imizila emikhulu kudaka olukufutshane neendawo zokusela nakufutshane nemingxuma enamanzi kwiindawo ezinengca. Khangela iimpawu ezenziwe zinzipho zeenzwane zazo ezintathu ezinkulu nentende yenqina ngalinye. Uzwane lwazo oluphakathi lolona lukhulu.

Hook-lipped (Black) Rhinoceros

If you find rhino footprints in or around thick bush, then a hook-lipped rhino probably left them. They look a lot like square-lipped rhino tracks, but are smaller.

Swartrenoster met gepunte bolip

As jy die spore van 'n renoster in of reg rondom digte bosse kry, is hulle waarskynlik deur 'n swartrenoster gemaak. Die spore lyk baie soos die spore van 'n witrenoster, maar is kleiner.

Ubhejane onodebe olugobile (Omnyama)

Uma uthola iminyatheliso yemikhondo kabhejane phakathi noma endaweni eseduze nehlathi elicinene, nakanjani kunamathuba amaningi okuthi ishiywe ubhejane onodebe olugobile. Iminyatheliso yemikhondo yalo bhejane afana kakhulu nawobhejane onezindebe eziyisikwele, kodwa-ke ezalo bhejane zona zincane.

Umkhombe (Omnyama) omilebe ibuqhogi

Ukuba ubhaqa imizila yamanqina omkhombe kumatyholo ashinyeneyo okanye kufutshane nawo, inokuba ishiywe ngumkhombe onomlebe obuqhogi. Ifana kakhulu nemizila yemikhombe enemilebe esikwere, kodwa mincinci kunayo.

Hippopotamus

Hippos come out of the water to feed on land, leaving tracks in the mud. These animals are so huge that their right and left tracks are wide apart. Look for four sausage-shaped toe marks in each print.

Seekoei

Seekoeie kom uit die water om op droë grond te kom wei en los op daardie manier spore in die modder. Hierdie diere is so groot dat die spore van hul regter- en linkerpote ver van mekaar af sit. Wees op die uitkyk vir vier worsvormige toonafdrukke in elke spoor.

Imvubu

Izimvubu ziyaphuma emanzini ukuze ziyodla ngaphandle kwamanzi, ezweni, bese zishiya iminyatheliso yemikhondo yazo odakeni. Lezi zilwane zinkulu ngendlela yokuthi iminyatheliso yemikhondo yazo yangakwesokudla neyangakwesokunxele ehlukene. Bheka iminyathelo engomaka bezinzwane ezimise okwesoseshi kumnyatheliso womkhondo ngamunye.

Imvubu

Iimvubu ziphuma emanzini ukuze zizokutya emhlabeni, zibe zishiya imizila eludakeni. Ezi zilwanyana zinkulu kakhulu kangangokuba imizila yazo yasekunene nasekhohlo ithe qelele eminye kweminye. Khangela iimpawu zeenzwane ezimile okwesoseji kumzila ngamnye.

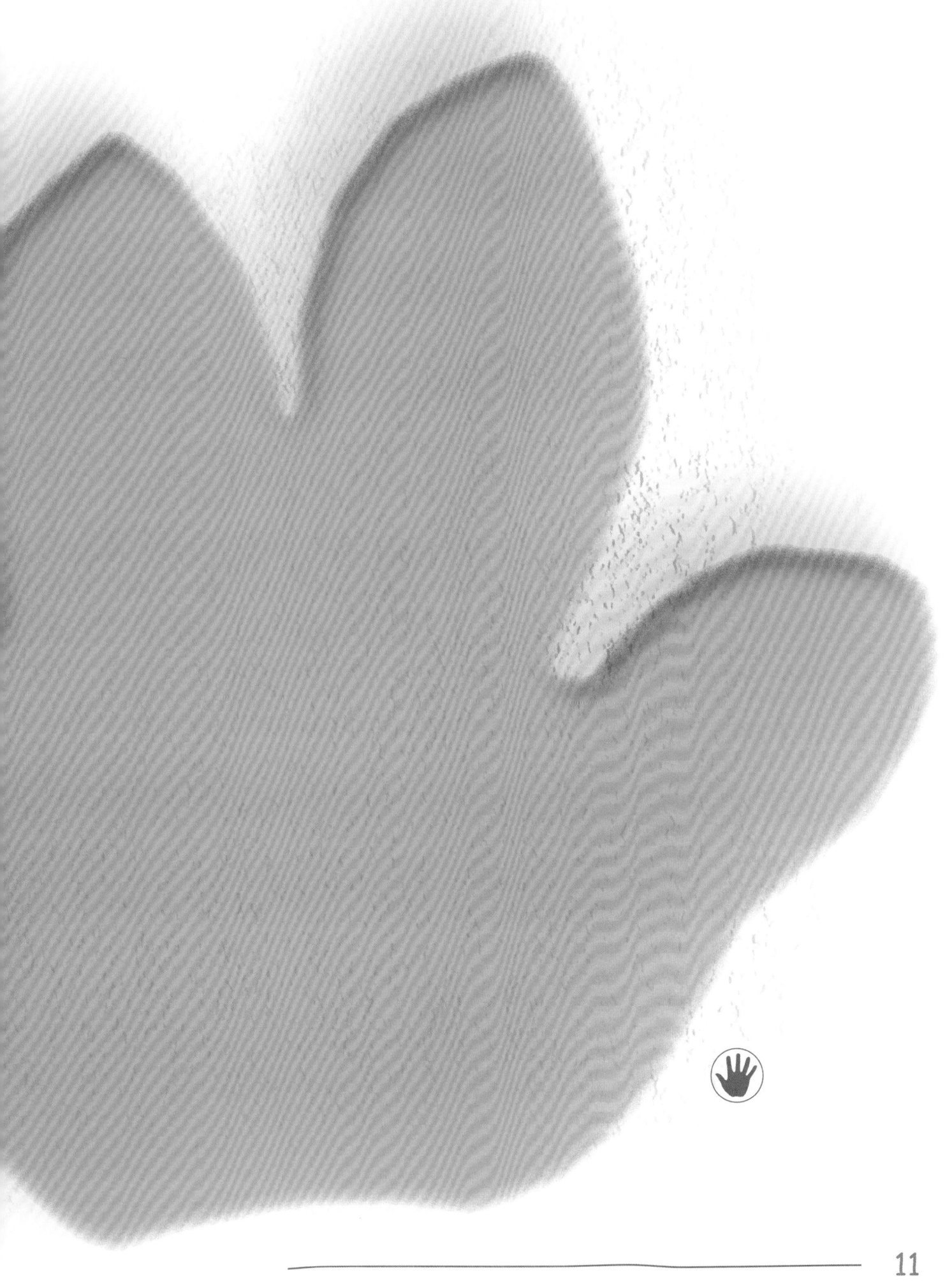

Lion

Lions are big cats that live in groups called prides. Each track is huge and shows the main pad and four egg-shaped toe prints, but no claw marks.

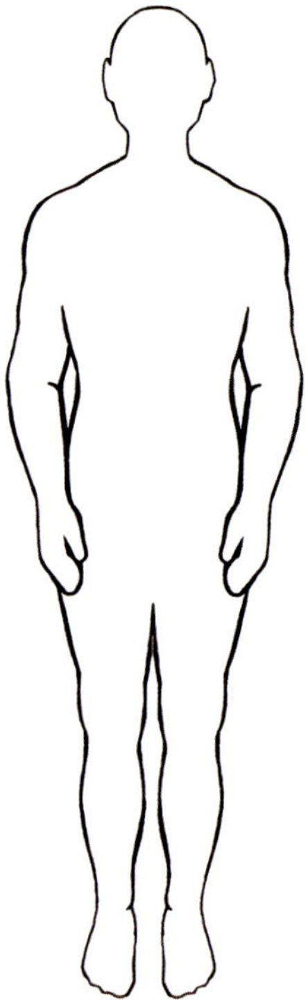

Leeu

Leeus is groot katte wat in groepe woon wat troppe genoem word. Elke spoor is baie groot en wys die groot kussinkie asook die vier eiervormige toonafdrukke, maar geen kloumerke nie.

Ibhubesi

Amabhubesi amakati amakhulu ahamba ngamaqoqo abizwa ngokuthi umhlambi. Umkhondo ngamunye mkhulu futhi ubonisa ukunyathela kwamathe esidladla kanye neminyatheliso yemikhondo yamazwane amane namise okweqanda, kodwa abeko omaka bamazipho.

Ingonyama

Iingonyama ziikati ezinkulu ezihlala zingamaqela abizwa ngokuba yimihlambi. Umzila ngamnye mkhulu kwaye ubonisa intende nemizila yeentupha emine emile okweqanda, kodwa hayi iimpawu zeenzipho.

Leopard

Leopard prints look just like lion prints, but are smaller. There are two dents at the back of each big foot pad. Leopards live alone.

Luiperd
Luiperdspore lyk net soos leeuspore, maar hulle is kleiner. Daar is twee inkepings aan die agterkant van elke groot pootkussinkie. Luiperds woon op hul eie.

Ingwe
Iminyatheliso yemikhondo yengwe iyefana nje neminyatheliso yemikhondo yebhubesi, kodwa-ke mincane yona. Kunokufocoka okubili okukhona ngemuva konyawo ngalunye ematheni onyawo olukhulu ngalunye. Izingwe zihlala ngazodwana.

Ihlosi
Imizila yehlosi ifana nqwa neyengonyama, kodwa mincinci. Kukho izibotho ezibini kwintende yenqina ngalinye. Amahlosi ahlala odwa.

Cheetah

A cheetah's footprints look like lion or leopard tracks, but they show claw marks. This is because cheetahs are the only cats that cannot pull in their claws when they walk.

Jagluiperd

'n Jagluiperd se spore lyk net soos die spore van 'n leeu of 'n luiperd, maar hulle wys kloumerke. Dit gebeur omdat jagluiperds die enigste katte is wat nie hul kloue kan intrek terwyl hulle loop nie.

Ingulule

Iminyatheliso yemikhondo yengulule iyefana neminyatheliso yemikhondo yebhubesi noma yengwe, kodwa-ke yona iyakubonisa omaka bamazipho ayo. Lokhu yingoba izingulule yiwona kuphela amakati angakwazi ukudonsa abuyisele phakathi amazipho azo uma zihamba.

Ingwenkala

Imizila yamanqina engwenkala ifana nemizila yengonyama okanye ihlosi, kodwa ibonisa iimpawu zeenzipho. Oku kungenxa yokuba iingwenkala kuphela kweekati ezingakwaziyo ukutshonisa iinzipho zazo xa zihamba.

Caracal

Caracals leave typical 'cat' footprints. There are four toes in each track, but no claw marks, and the mark of the main pad has two dents on its back edge.

Rooikat

Rooikatte los tipiese katspore. Daar is vier tone in elke spoor maar geen kloumerke nie, en daar is twee inkepings op die agterste rand van die grootste kussinkie se afdruk.

Indabushe

Izindabushe zishiya iminyatheliso yomkhondo wonyawo efana neyekati. Kunamazwane amane emkhondweni ngamunye, kodwa abekho omaka bamazwane, kanti umaka wamathe onyawo anokufocoka okubili ekupheleni konyawo ngemuva.

Ingada

Iingada zishiya imizila yeenyawo zekati eqhelekileyo. Kukho iinzwane ezine kumzila ngamnye, kodwa akukho zinzipho, kwaye uphawu oluphambili lwentende lunezibotho ezibini kwincam engasemva.

Serval

You might find serval tracks on sandy ground in grassy areas or near reed beds. Servals leave more rounded tracks than other cats, and the two dents at the back of each main pad are not as clear.

Tierboskat

Jy sal waarskynlik die spore van tierboskatte in die sanderige grond van grasagtige gebiede of naby rietbosse vind. Tierboskatte maak meer geronde spore as ander katte en die twee inkepings aan die agterkant van die grootste kussinkie is nie so duidelik nie.

Indlozi

Kungenzeka uthole imikhondo embalwa endaweni eyisihlabathi noma ezindaweni ezinotshani noma ezindaweni ezisondelene nemihlanga. Izindlozi zishiya iminyatheliso yemikhondo eyimbulunga kakhulu ukwedlula ezinye izilwane ezisamakati nezithi mazifane nazo kanti ukufocoka okubili okungemuva kokunyathela ngakunye akucacile khona kangako.

Ikati yasendle yase-Afrika

Ungayifumana imizila yekati yasendle yase-Afrika kumhlaba oyisanti kwiindawo ezinengca okanye kufutshane neendawo ezineengcongolo. Iikati zasendle zase-Afrika zishiya imizila engqukuva kakhulu kunezinye iikati, kwaye izibotho ezibini ezisemva kwintende nganye azicacanga ncam.

Genet

Genet tracks are found in many places, sometimes even on the beach! They are very small, showing the four toes, but no claw marks. The back pad of each foot is straight or only slightly dented.

Muskeljaatkat

Die spore van muskeljaatkatte word oraloor aangetref, selfs op die strand! Hierdie spore is baie klein en wys die vier tone, maar geen kloumerke nie. Die agterste kussinkie van elke poot is reguit of slegs 'n klein bietjie ingekeep.

Insimba

Imikhondo yensimba itholakala ezindaweni eziningi, ngesinye isikhathi ungayithola ngisho nasebhishi imbala! Iminyatheliso yemikhondo yalapho kuhambe khona izinsimba mincane, ibonisa amazwane amade, kodwa ababibikho omaka bamazipho. Ugqinsi lwangemuva lonyawo ngalunye luqondile noma luthe ukufocoka kancane.

Inyhwagi

Imizila yenyhwagi ifumaneka kwiindawo ezininzi, naselunxwemeni ngamanye amaxesha! Mincinci kakhulu, kubonakala iinzwane ezine, kodwa akubikho zimpawu zanzipho. Intende yangasemva yenqina ngalinye luthe tse okanye lube nesibotho esincinci gqitha.

Spotted Hyaena

Hyaena prints look like dogs' paw prints. Each track shows claw marks and big oval toe prints that almost touch. These hyaenas live in groups.

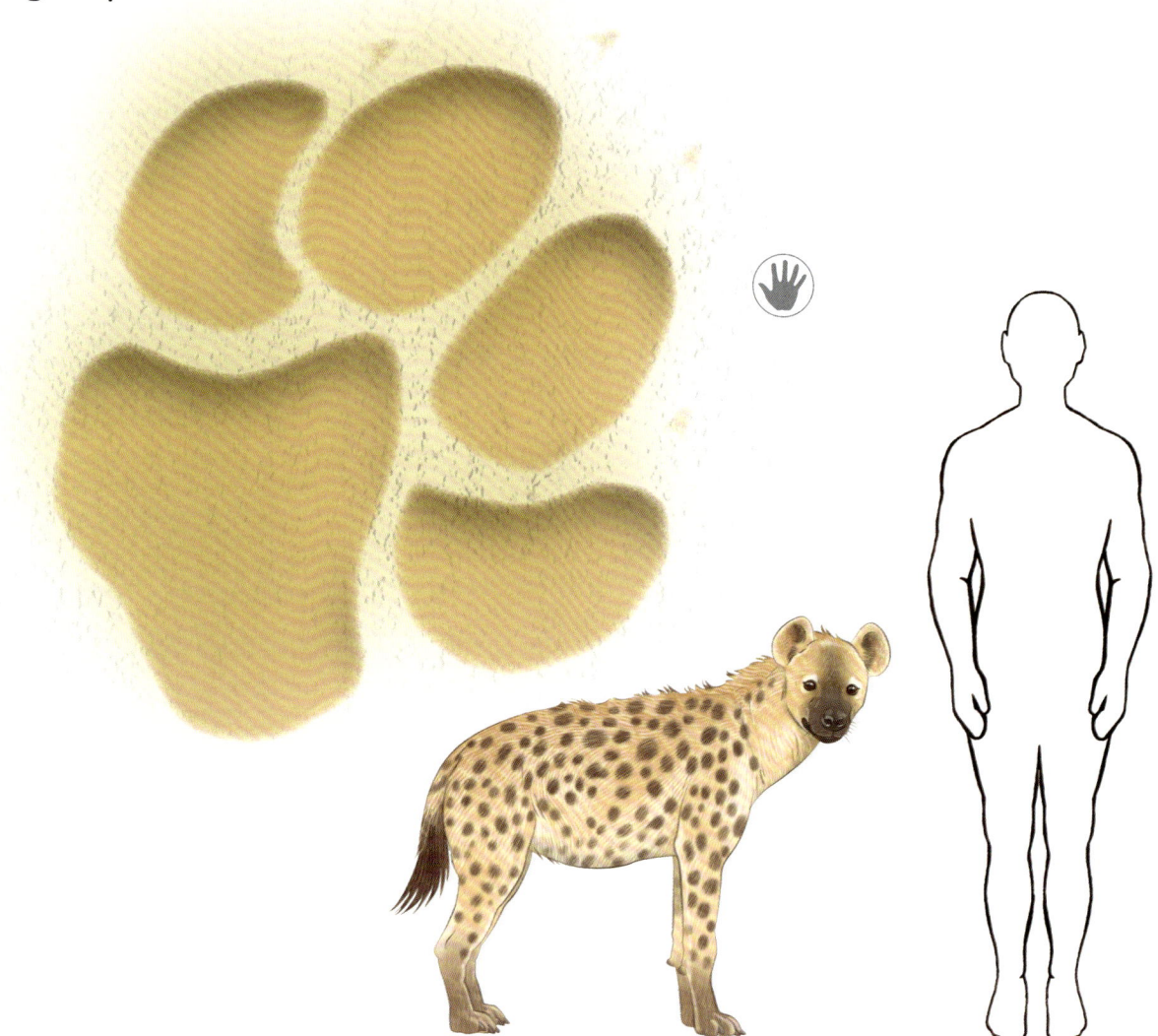

Gevlekte hiëna

Hiënas se spore lyk net soos honde s'n. Elke spoor wys kloumerke en groot ovaalvormige toonafdrukke wat amper aanmekaar raak. Hierdie hiënas woon in groepe.

Impisi Emabalabala

Iminyatheliso yeimkhondo yezimpisi iyefana nje neminyatheliso yemikhondo yezidladla zezinja. Umkhondo ngamunye wayo ubonisa omaka bamazipho ayo kanye neminyatheliso yemikhondo emikhulu yamazwane amakhophelana acishe athintane. Lezi zimpisi zihlala ziyimihlambi.

Ixhwili elinamachokoza

Imizila yexhwili ifana nemizila yenja. Umzila ngamnye ubonisa iimpawu zeenzipho nomzila omkhulu osisangqa weenzwane eziphantse zithane nca. La maxhwili ahlala engamaqela.

African Wild Dog

Wild dogs are so rare that you can find them in just a few reserves. Like pet dogs, their front paws are bigger than their back paws and their tracks show claw marks.

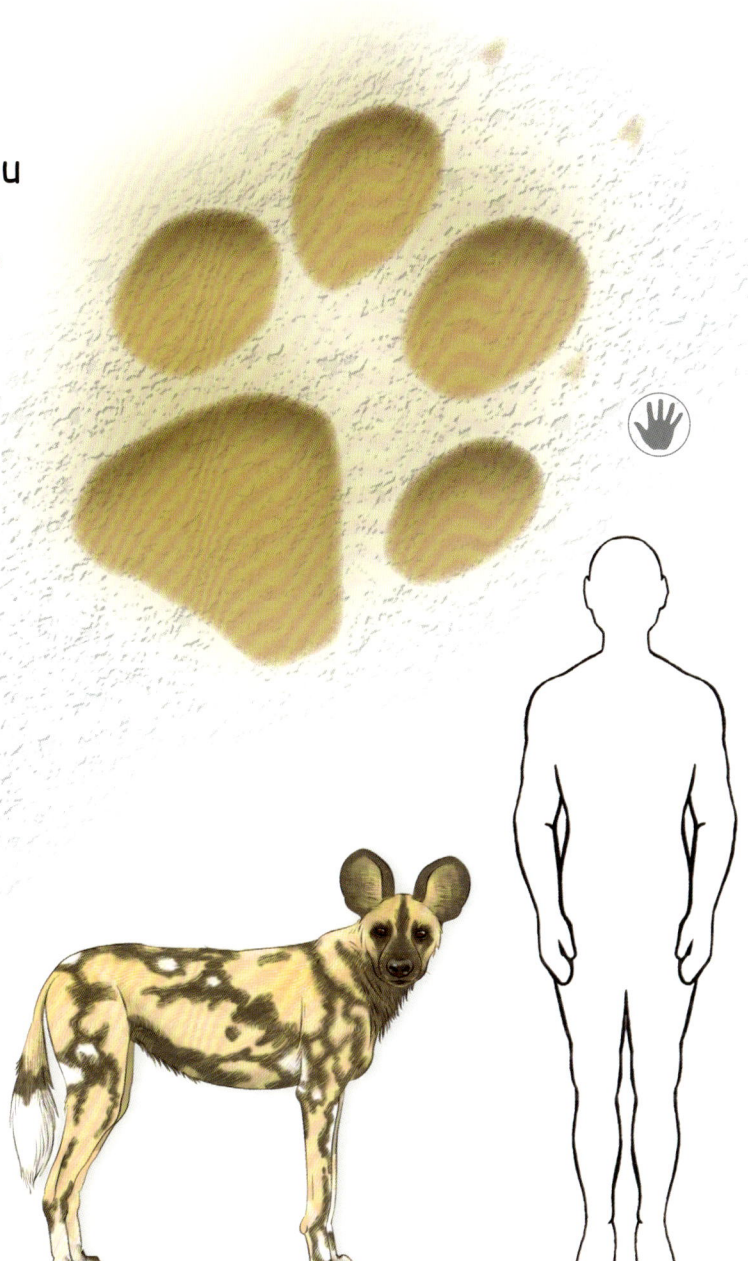

Afrika-wildehond

Wildehonde is so skaars dat 'n mens hulle net in 'n paar natuurreservate kry. Net soos gewone honde is hul voorpote groter as hul agterpote en 'n mens kan kloumerke in hul spore sien.

Inkentshane Lase-Afrika

Amankentshane awasandile kakhulu manje ngoba usuwathola ezindaweni ezimbalwa zokulondoloza imvelo. Izidladla zangaphambili zamankentshane zithi mazifane nezezinja, zinkulu kunezangemuva kanti imikhondo yawo lapho enyathele khona ibonisa omaka bamazwane.

Inja yehlathi yase-Afrika

Izinja zehlathi zinqabe kakhulu kangokuba ungazifumana kwiindawo zolondolozo ezimbalwa kuphela. Njengezinja ezifuywayo, amanqina azo angaphambili makhudlwa kunalawo angasemva kwaye imizila yawo ibonisa iimpawu zeenzipho.

Bat-eared Fox

These foxes live in small family groups. Their tracks look like a little dog's prints, but these foxes have hair under their feet, which smudges their tracks.

Bakoorjakkals

Hierdie jakkalse woon in klein familiegroepe. Hul spore lyk soos die spore van klein honde, maar hierdie jakkalse het hare onder hul pote wat hul spore smeer.

Impungushe enamadlebe anjengelulwane

Lolu hlobo lwezimpungushe luhamba lungamaqoqo emindeni emincane. Imikhondo yayo ibukeka njengaminyatheliso yemikhondo yomdlwane, kodwa lezi zimpungushe zinoboya ngaphansi kwezinyawo zazo ezibusebenzisela ukuhlikiza imikhondo yeminyatheliso yemikhondo yazo.

Ingcuka eneendlebe ezibululwane

Ezi ngcuka zihlala kumaqela amancinane alusapho. Imizila yazo ifana neyenjana encinci, kodwa ezi ngcuka zinoboya phantsi kweenyawo zazo, obuthi budyobhe imizila yazo.

Cape Fox

These are the tiniest foxes and they live alone. Like dogs, foxes have four clawed toes per foot. The hair under their paws often smudges their tracks.

Silwerjakkals

Hierdie is die kleinste jakkalse van almal en hulle woon op hul eie. Net soos honde het jakkalse vier tone met kloue aan elke poot. Die hare onder hul pote smeer dikwels hul spore.

Impungushe YaseKapa

Lezi yizimpungushe ezincane kakhulu kunazo zonke futhi ziziphilela ngazodwana. Lezi zimpungushe ziyefana nezinja ngoba nazo zinamazwane amane anamazipho onyaweni ngalunye. Iziboya zazo ezingaphansi kwezidladla zivamise ukuhlikiza imikhondo yeminyatheliso yemikhondo yazo.

Ingcuka yeKapa

Ezi zezona ngcuka zincinci kwaye zihlala zizodwa. Njengezinja, iingcuka zineentupha ezine ezineenzipho kwinqina ngalinye. Uboya obungaphantsi kweenzipho zazo buyayonakalisa imizila.

Black-backed Jackal

Look for this jackal's tracks close to drinking water. Each paw leaves four toe and claw marks. Like dogs, foxes and other jackals, their foot pads have a straight edge.

Rooijakkals
Wees op die uitkyk vir hierdie jakkals se spore naby aan drinkwater. Elke poot los vier toonafdrukke met kloue. Net soos die spore van honde en ander jakkalse s'n het hul pootkussinkies 'n reguit rand.

Ujakalase Omnyama Eqolo
Bheka umkhondo walolu hlobo lojakalase eduzane namanzi okuphuza. Isidladla ngasinye sishiya phansi omaka bamazwane namazipho amane. Njengezinja, izimpungushe nabanye ojakalase, amathe ezinyawo zabo anonqenqema oluqondile.

Udyakalashe onomqolo omnyama
Khangela le mizila kadyakalashe kufutshane nendawo yokusela amanzi. Inqina lakhe ngalinye lishiya iimpawu ezine zeentupha neenzipho. Njengezinja, iingcuka nabanye oodyakalashe, iintende zamanqina abo azinabugoso emacaleni.

Honey Badger

The fearless honey badger has powerful claws on its front feet that leave long marks ahead of its foot pads. Its hind claws are shorter. Tracks left in soft ground show more of the foot than tracks on harder ground.

Ratel

Ratels is onverskrokke diere met sterk kloue aan hul voorpote wat lang merke voor hul pootkussinkies los. Hul agterste kloue is korter. Spore wat in sagte grond gemaak word wys meer van die poot as spore op harder grond.

Insele edla uju

Insele edla uju engesabi lutho inamazipho aqinile nanamandla ezinyaweni zayo zangaphambili, kanti la mazipho ashiya omaka ngaphambi kwamathe onyawo lwayo. Iminyatheliso yomkhondo wazo esele emhlabathini othambile ibonisa kahle unyawo lwayo ukwedlula lezo eziba semhlabathini oqinile.

Ichelesi

Ichelesi eliligagu lineenzipho ezomeleleyo kwinqina langaphambili ezishiya iimpawu ezinde phambi kwentende yenqina. Iinzipho zangasemva zimfutshane. Imizila eshiyeke kumhlaba othambileyo ilubonakalisa kakuhle kakhulu unyawo kunemizila eshiyeke kumhlaba oqinileyo.

Porcupine

Rodents are animals with special teeth for nibbling. In Africa, our biggest rodent is the porcupine. Its back prints are longer than its front prints. You may find quills near its tracks.

Ystervark

Knaagdiere is diere met spesiale tande wat gebruik word om mee te knibbel. Ons grootste knaagdier in Afrika is die ystervark. Die spore van die ystervark se agterpote is langer as die spore van hul voorpote. Jy mag dalk ook ystervarkpenne naby hul spore sien.

Ingungumbane

Izilwane eziququdayo wuhlobo oluthile lwezilwane olunamazinyo athile akhethekile eziwasebenzisela khona ukuququda lokho. E-Afrika, isilwane esikhulu ezilwaneni eziququdayo yingungumbane. Iminyatheliso yemikhondo yayo yangemuva mide kuneyangaphambili. Kuyenzeka futhi uthole amanungu ayo ede nomkhondo walapho ibihambe khona.

Incanda

Amabuzi zizilwanyana ezinamazinyo alungele ukukrekretha. E-Afrika, elona buzi lethu likhulu yincanda. Imizila yayo yangasemva mide kuneyangaphambili. Usenokufumana iintsiba zayo ezihlabayo kufutshane nemizila yayo.

Suricate (Meerkat)

Suricates live in dry places, in big groups called troops. Their front feet are small, with very long claws that show up clearly in their tracks.

Meerkat

Meerkatte woon in droë gebiede in groot groepe wat families genoem word. Hul voorpote is klein met baie lang kloue wat duidelik in hul spore gesien kan word.

Umhlangala (Ububhibhi)

Imihlangala ithanda ukuhlala ezindaweni ezomile, ingamaqoqo amakhulu aziwa ngokuthi umhlambi. Amazinyo ayo angaphambili mancane, kanti inamazipho amade kakhulu abonakala ngokucacile emikhondweni yeminyatheliso yayo.

Igala

Amagala ahlala kwiindawo ezomileyo, engamaqela amakhulu. Amanqina awo angaphambili mancinci, aze abe neenzipho ezinde ezibonakala ngokucacileyo kwimizila yazo.

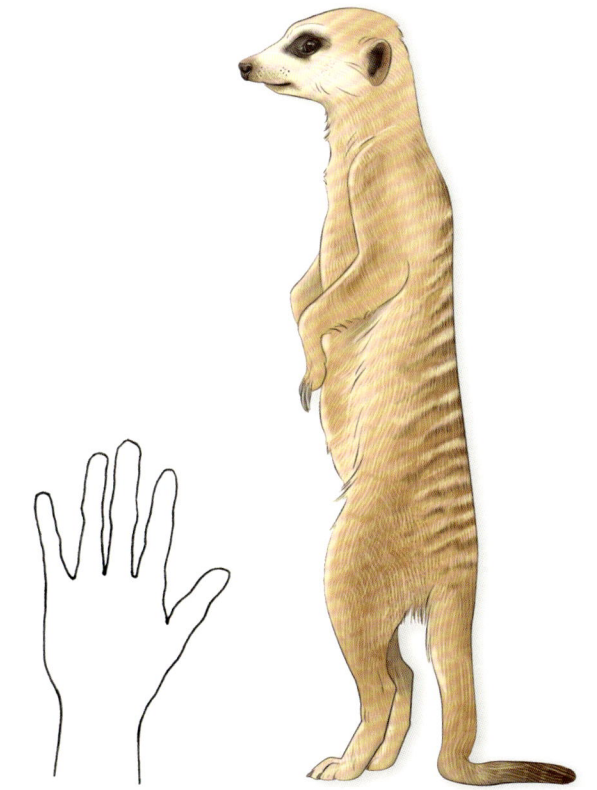

Water Mongoose

This mongoose lives near rivers, dams, marshes and even beaches. Its footprints show four long toe and claw marks. These prints look almost like bird tracks but with one extra toe!

Watermuishond

Hierdie muishond woon naby riviere, damme, moerasse en selfs strande. Hul spore het vier lang tone sowel as kloumerke. Hierdie spore lyk amper soos die spore van voëls, maar het een ekstra toon!

Uchakide Wamanzi

Lolu hlobo lukachakide luhlala eduzane namanzi, emadanyini, emaxhaphozini ngisho nasebhishi imbala. Iminyatheliso yemikhondo yonyawo lwawo ibonisa amazwane amane amade kanye nomaka bamazipho. Le minyatheliso icishe ibukeke njengeminyatheliso yenyoni kodwa inozwane olulodwa olwengeziwe ngaphezulu!

Umhlangala waseManzini

Lo mhlangala uhlala kufutshane nemilambo, amadama, imigxobhozo namanxweme. Imizila yenqina lawo ibanakala ngenzwane ezine ezinde neempawu zeenzipho. Le mizila ifana kakhulu nemizila yeentaka kodwa zinozwane olunye oluthe chatha!

Plains Zebra

Zebras are African wild horses. Their tracks look exactly like horse prints. Each hoof is really a single toe with a hard toenail. Hoof prints are rounded in front and straight at the back.

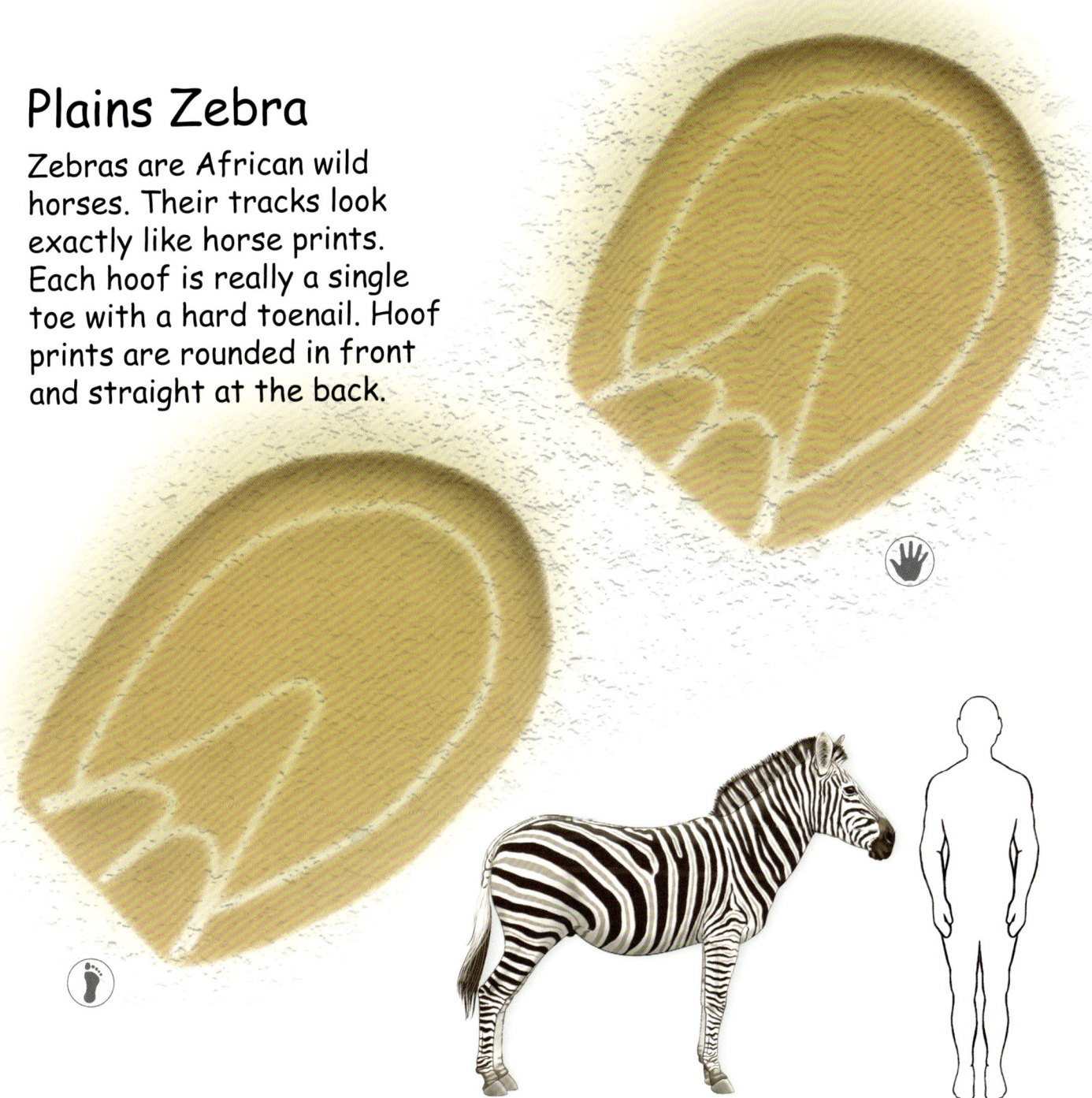

Vlaktesebra

Sebras is die wilde perde van Afrika. Hul spore lyk presies net soos die spore van perde. Elke hoef is inderwaarheid 'n toon met 'n harde toonnael. Hoefspore is rond aan die voorkant en reguit aan die agterkant.

Amadube

Amadube angamah hashi asendle ase-Afrika. Iminyatheliso yemikhondo yawo ifana ncamashi naminyatheliso yemikhondo yamahhashi. Umnyatheliso wesondo lalo ngalinye empeleni liwuqukulu onozipho olulodwa oluqinile lwase luyaqonda ngemuva.

Iqwarhashe lamathafa

Amaqwarhashe ngamahashe asendle ase-Afrika. Imizila yawo ifana nqwa neyehashe. Eneneni impuphu nganye iluzwane olunye olunozipho olomeleleyo. Imizila yeempuphu ingqukuva ngaphambili ize ithi tse ngasemva.

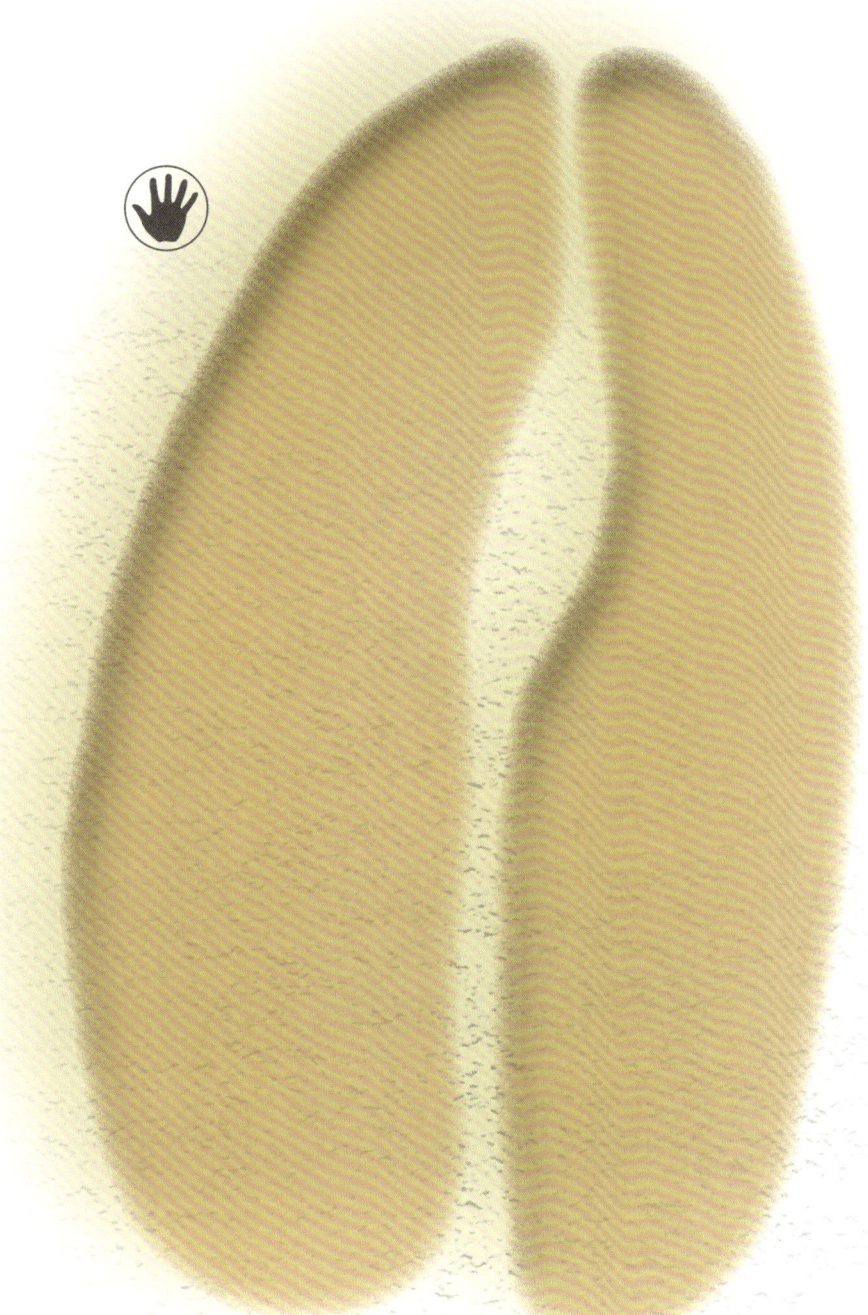

Giraffe

Like cows, sheep and antelope, giraffes have split hooves. Animals with 'toes' like these are called cloven-hoofed. The giraffe leaves the biggest of all split-hoof tracks.

Kameelperd

Net soos koeie, skape en wildsbokke het kameelperde ook verdeelde hoewe. Diere met hierdie soort "tone" word diere met gesplete hoewe genoem. Die kameelperd los die grootste spore van al die diere met gesplete hoewe.

Indlulamithi

Ngendlela efanayo nezinkomo, izimvu kanye nezinye izinyamazane, izindlulamithi nazo zinezinselo ezehlukene phakathi. Izilwane 'ezinamazwane' njengalezi zibizwa ngokuthi zinamasondo ahlukene phakathi. Indlulamithi ishiya umkhondo wamasondo amakhulu kunazo zonke izilwane ezinamasondo ahlukene phakathi.

Indlulamthi

Njengeenkomo, iigusha iibhokwe zasendle, iindlulamthi zineempuphu ezicandiweyo. Izilwanyana 'ezinzwane' ezinje zibizwa ngokuba zineeempuphu ezicandwe kubini. Indlulamthi ishiya eyona mizila mikhulu yempuphu ecandwe kubini.

Savanna Buffalo

Buffalos are wild cattle that live in large herds. They leave tracks like those of a dairy cow. The hooves are quite rounded in front.

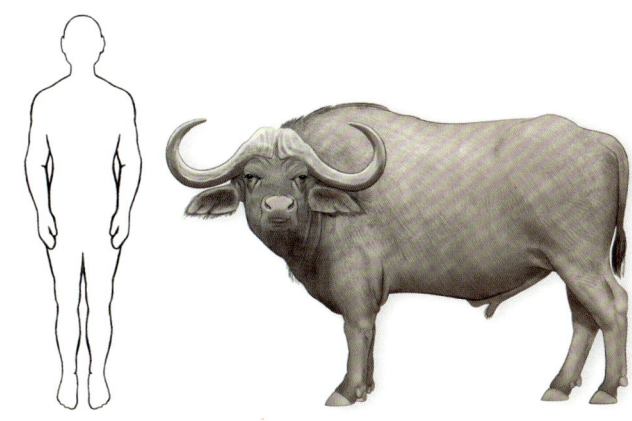

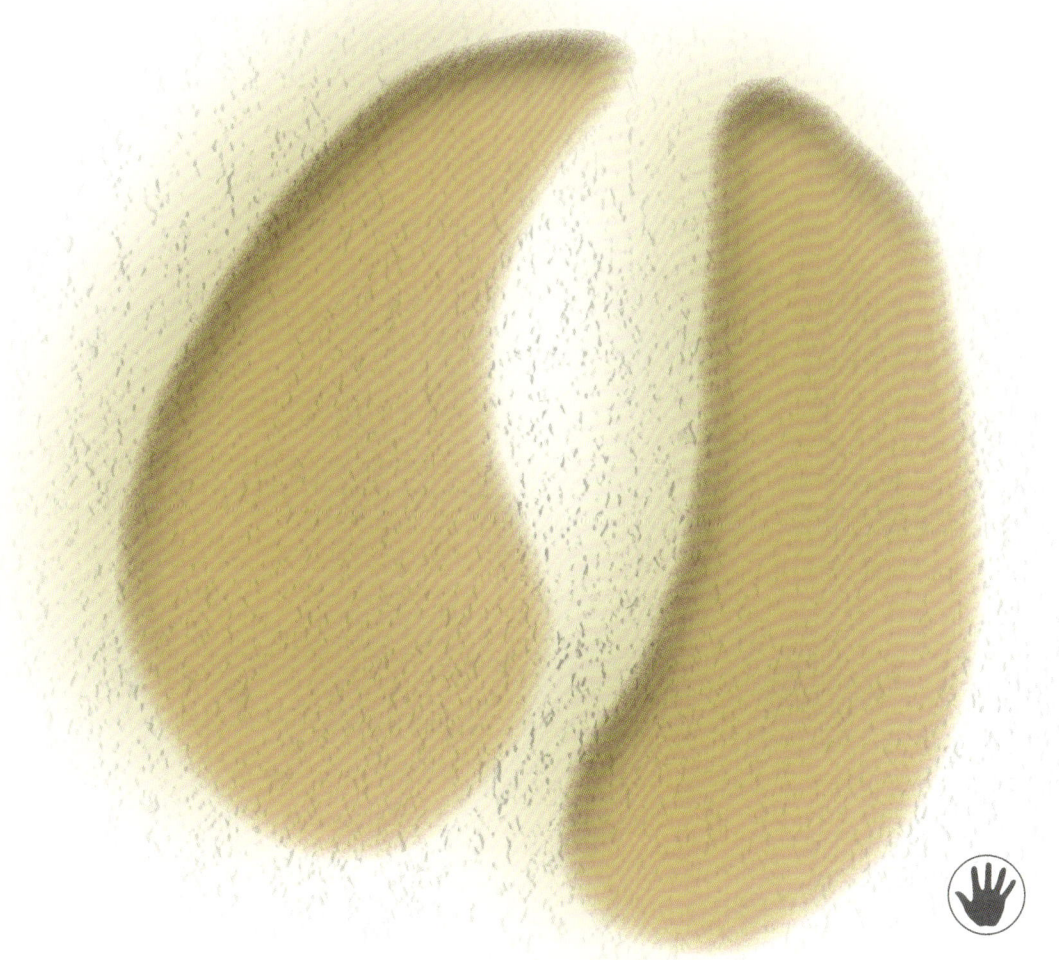

Buffels
Buffels is wilde beeste wat in groot troppe woon. Hulle maak spore wat lyk soos die spore van 'n melkkoei. Die hoewe is baie gerond aan die voorkant.

Inyathi Yasemathafeni
Izinyathi yizinkomo zasendle nezihlala ziyimihlambi emikhulu. Zishiya iminyatheliso yemikhondo efana neyezinkomo. Amasondo azo athanda ukuba yimbulunga ngaphambili.

Inyathi yamathafa
Iinyathi ziinkomo zasendle ezihlala ziyimihlambi emikhulu. Zishiya imizila efanayo neyemazi yenkomo yobisi. Iimpuphu zingqukuva mpela ngaphambili.

Impala

Impala are common antelope that live in herds. Together, the two halves of each hoof print look like a heart. The pointed end is the front of the print.

Impala (rooibok)

Impalas is wildsbokke wat baie algemeen voorkom en in troppe woon. Die twee helftes van elke hoef lyk saam soos 'n hartjie. Die kant met die punt is die voorkant van die spoor.

Impala

Impala wuhlobo lwenyamazane olwejwayelekile noluhlala nemihlambi yezinye izimpala. Izingcezu zamasondo onyawo olulodwa zenza ukuthi isondo layo libukeke njengenhliziyo. Bese kuthi le ndawo ecijile yilona ingaphambili lenselo yayo lelo.

IMpala

IMpala luhlobo oluqhelekileyo lwamabhadi asendle ahlala ehamba engumhlambi. Xa ekunye, amacala amabini omzila wempuphu nganye ufana nentliziyo. Incam etsolo ngumphambili womzila.

Springbok

Just like impala, springbok have heart-shaped tracks. But these two antelope live in very different places, so you probably won't confuse their prints. Springbok herds prefer dry country.

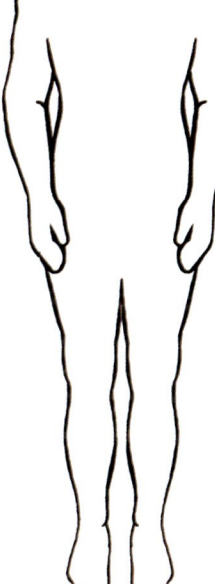

Springbok

Springbokke het hartjievormige spore net soos impalas. Hierdie twee soorte wildsbokke woon egter in heel verskillende gebiede en daarom sal 'n mens nie sommer hul spore met mekaar verwar nie. Springboktroppe verkies droë gebiede.

Insephe

Njengokufanayo nempala, insephe lapho inyathele khona kusala kuneminyatheliso yemikhondo emise okwenhliziyo. Kodwa-ke insephe nempala zihlala ezindaweni ezahlukene kakhulu, nokusho ukuthi ungeze wadideka uma ubona iminyatheliso yemikhondo yazo. Imihlambi yezinsephe ikhetha ukuzihlalela ezweni elome kakhulu.

Ibhadi

Ngokufanayo neMpala, ibhadi linemizila emile okwentliziyo. Kodwa ezintlobo zimbini zezilwanyana zasendle zihlala kwiindawo ezahlukileyo ngoko ke mhlawumbi akusoze uyibhidanise imizila yazo. Imihlambi yamabhadi ithanda ilizwe elomileyo.

31

Common Eland

The footprints of the huge common eland look just like those of a dairy cow. The front of each track is round. Eland herds occur in national parks, nature reserves and on game farms.

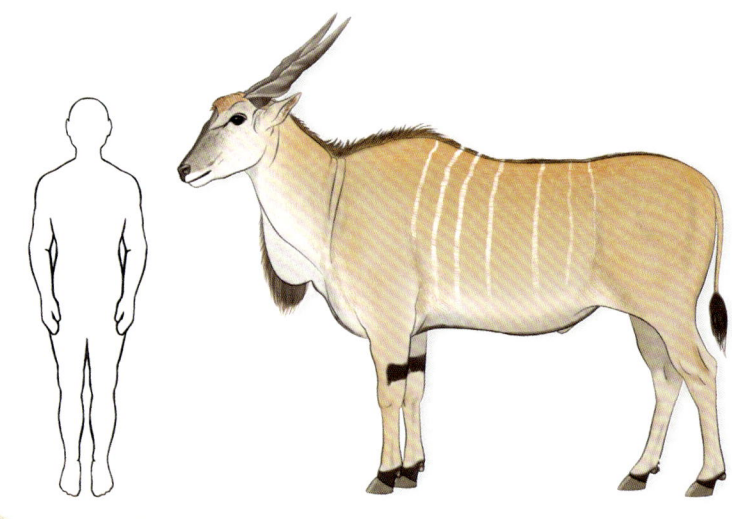

Gewone eland
Die spore van die yslike gewone eland lyk net soos die spore van 'n melkkoei. Die voorkant van elke spoor is rond. Elandtroppe kom in wildtuine en natuurreservate sowel as op wildsplase voor.

Impofu Ejwayelekile
Iminyatheliso yemikhondo yempofu enkulu ejwayelekile elikhulu abukeka efana nse nawenkomazi. Ingaphambili lomnyatheliso womkhondo wayo ngamunye uyimbulunga. Imihlambi yezimpofu itholakala emapaki ezwe, ezindaweni zokulondoloza imvelo kanye nasezindaweni ezigcina izinyamazane.

IMpofu eqhelekileyo
Imizila yamanqina empofu enkulu eqhelekileyo ifana nqwa neyemazi yenkomo yobisi. Umphambili womzila ngamnye ungqukuva. Imihlambi yeempofu ibakho kwindawo zokugcina izilwanyana zikazwelonke, kwiindawo zokulondolozwa kwendalo neefama ezifuya izilwanyana..

Gemsbok (Oryx)

Small herds of gemsbok live in dry sandy places. Their prints are large, heart-shaped, pointed in front and rounded at the back.

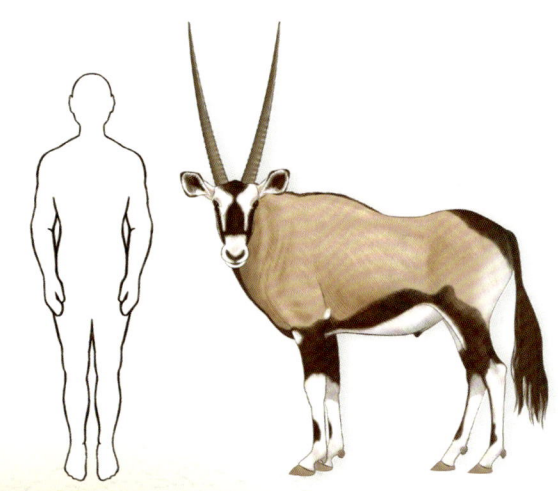

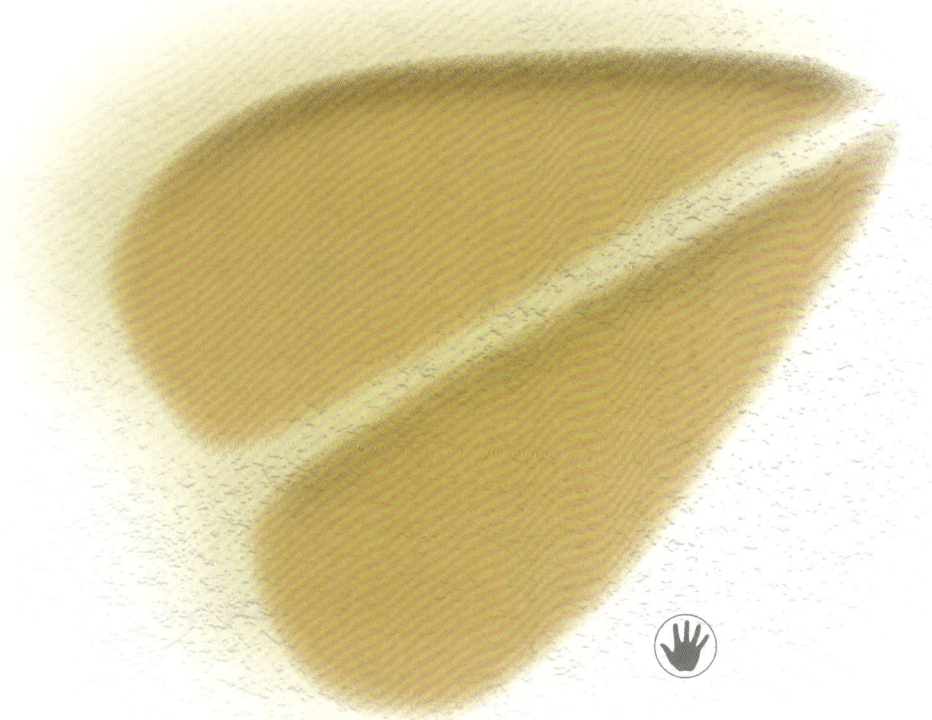

Gemsbok

Klein gemsboktroppe woon in droë, sanderige gebiede. Hul spore is groot, hartjievormig, gepunt aan die voorkant en gerond aan die agterkant.

Inyamazane Ezezimpondo Ezinde Ezimile

Imihlambi emincane yezinyamazane ezinezimpondo ezinde ezimile ihlala ezindaweni ezomile nezisasihlabathi. Iminyatheliso yemikhondo yazo mikhulu, imise okwenhliziyo, icijile ngaphambili bese ibe sambulunga ngemuva.

Inkukhama

Imihlambi emincinci yenkukhama ihlala kwiindawo ezomileyo ezinesanti. Imizila yazo mikhulu, imile okwentliziyo, itsolo ngaphambili ize ibe ngqukuva ngasemva.

Blue Wildebeest

When a blue wildebeest walks in deep mud or sand, the 'dew claw' on the back of each leg leaves a mark in the track. On firm ground these claws are too high up to touch the ground.

Blouwildebees

Wanneer 'n blouwildebees in diep modder of in sand loop, los die valskloutjie aan die agterkant van elke been 'n merk in die spoor. Op harde grond is hierdie kloutjie te hoog op teen die been om aan die grond te raak.

Dew claws
Valskloutjies
Amazipho amazolo
Iinzipho zombethe

Inkonkoni Eluhlaza Okwesibhakabhaka

Uma inkonkoni eluhlaza okwesibhakabhaka ihamba phakathi odakeni 'uzipho lwamazolo' olungemuva konyawo ngalunye lushiya umaka womnyatheliso womkhondo. Kodwa uma ihamba endaweni eyomile neqinile, lolu zipho luba phezulu kakhulu lungakwazi ukuthinta phansi.

Inqu emzuba

Xa inqu emzuba ihamba kudaka okanye isanti enzulu, 'uzipho lombethe' elingasemva kumlenze ngamnye lushiya uphawu kumzila. Kumhlaba oqinileyo olu zipho luphezulu kakhulu ukuba lungafika emhlabeni.

Red Hartebeest

Red hartebeest live in dry areas. Full-grown males, called bulls, usually leave the herd and live alone. Clear tracks will show that the two halves of their hooves are slightly apart.

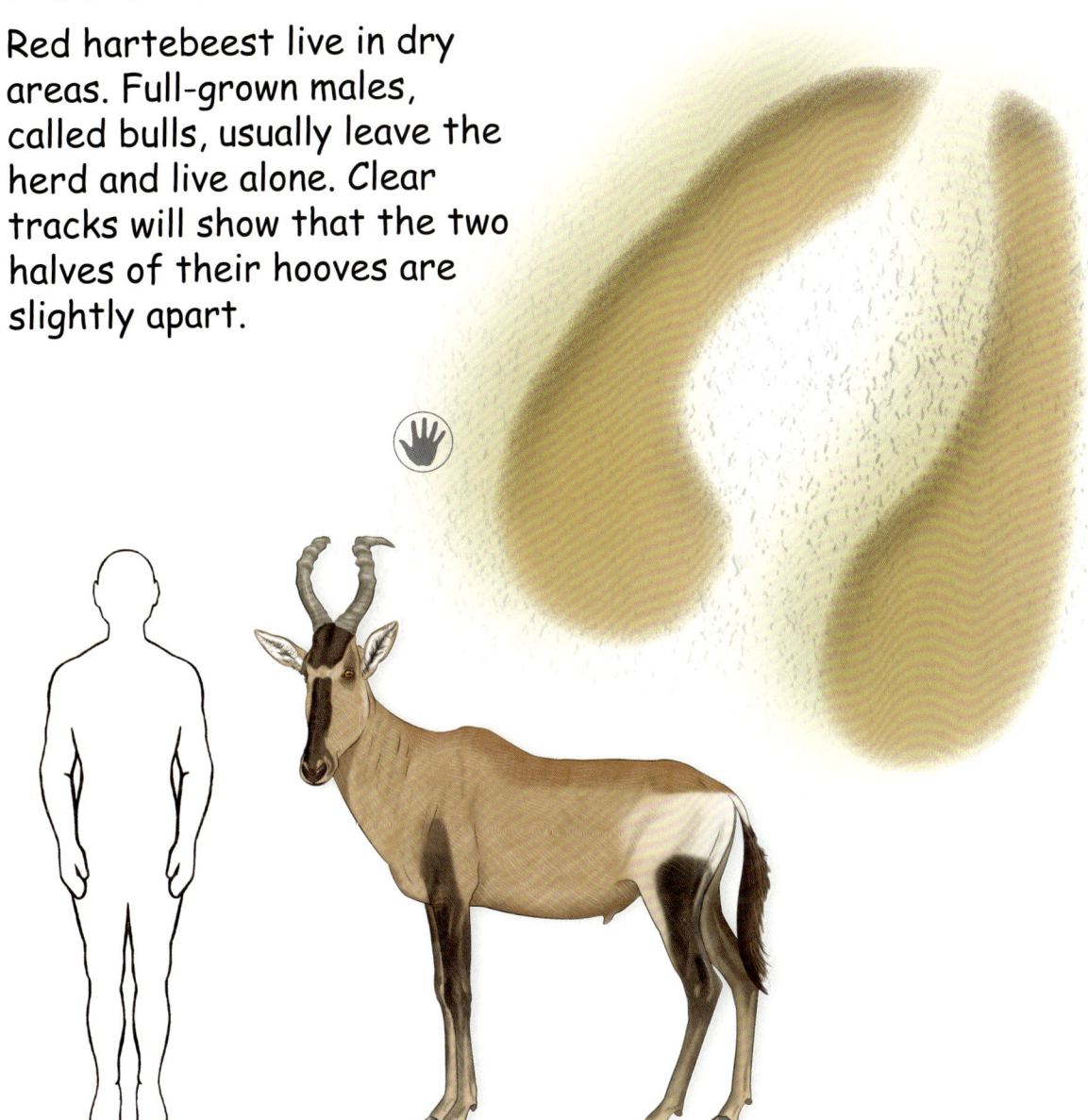

Rooihartbees

Rooihartbeeste woon in droë gebiede. Volwasse manlike rooihartbeeste wat bulle genoem word, verlaat gewoonlik die trop en woon op hul eie. Duidelike spore sal wys dat die twee helftes van hul hoewe effens weg van mekaar is.

Indluzele Elibomvu

Izindluzele abomvu ahlala ezindaweni ezomile. Izindluzele esilisa asekhulile abizwa ngezinkunzi, isikhathi esiningi avame ukuthi awushiye umhlambi ahambe ayozihlalela wodwana. Iminyatheliso yemikhondo ecacile izokhombisa ukuthi izingxenye ezingohhafu ababili zamasondo azo zehlukene kancane.

Inxu ebomvu

Inxu ebomvu ihlala kwiindawo ezomileyo. Ezingamaduna ezindala, ezibizwa ngokuba ziinkunzi, ngokwesiqhelo ziyawushiya umhlambi zizihlalele zodwa. Imizila ecacileyo iza kubonakalisa ukuba amacala amabini eempuphu zazo zahlukene kancinci.

Greater Kudu

Kudu have surprisingly small hooves for such big animals. Herds of kudu live in dry places where there are trees and bushes to give them food and somewhere to hide from danger.

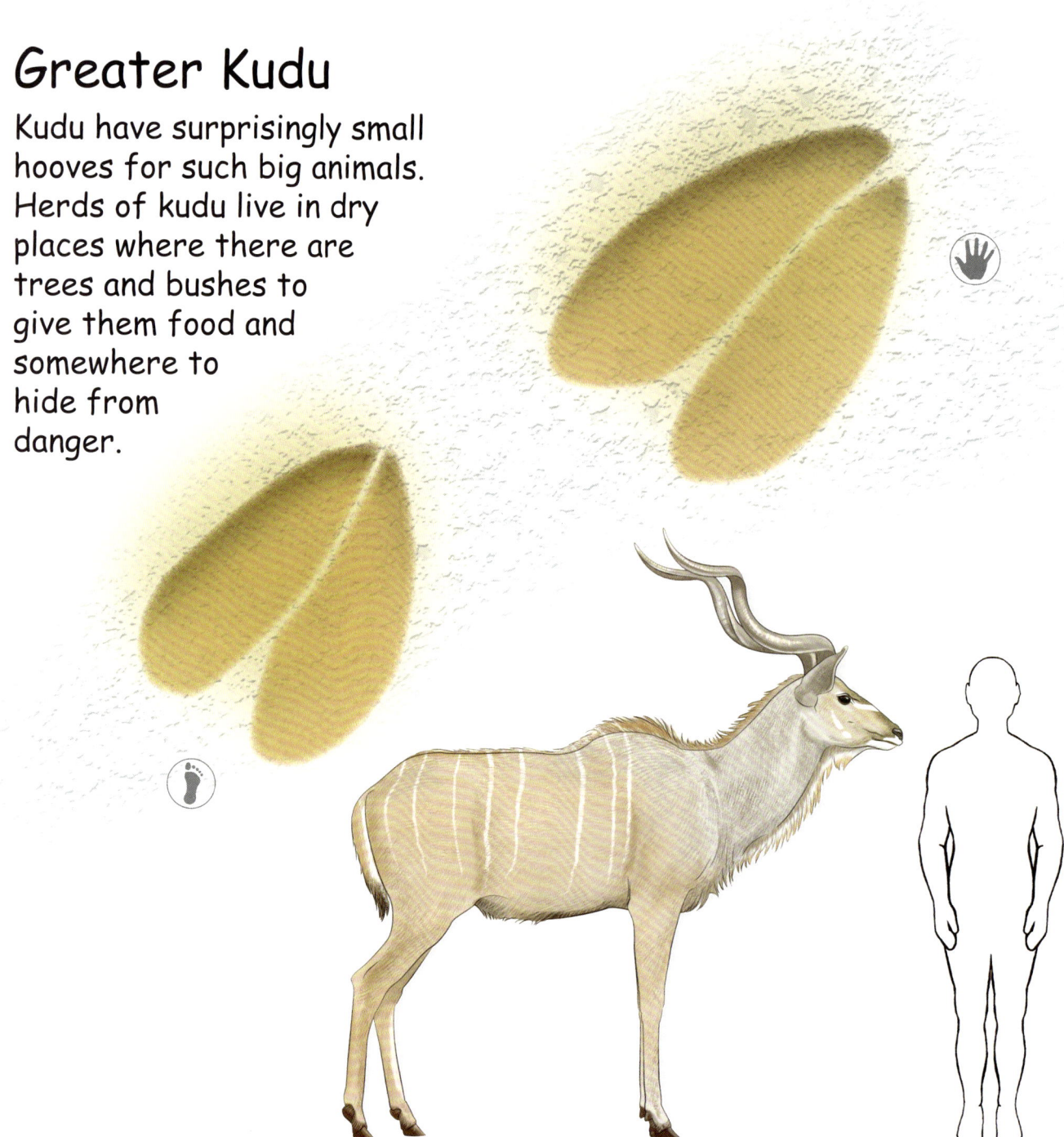

Koedoe
Koedoes se hoewe is verbasend klein vir sulke groot diere. Koedoetroppe woon in droë gebiede waar daar bome en bosse is wat vir hulle kos sowel as skuiling teen gevaar kan gee.

Umgakla Omkhulu
Umgakla unamasondo amancane ngendlela exakile, yize uyisilwane esikhulu kangaka. Imihlambi yemigankla ihlala ezindaweni ezomile lapho kunezihlahla kanye namahlathi khona ukuze zithole ukudla kuwona nendawo yocashela izingozi ezingahle zizehlele.

Iqhude elikhulu
Ngokumangalisayo amaqhude aneempuphu ezincinci nangona ezizilwanyana ezinkulu. Imihlambi yamaqhude ihlala kwiindawo ezomileyo apho kukho imithi namatyholo awanika ukutya nendawo yokuzimela ingozi.

Bushpig

Bushpigs live in small family groups called sounders. Look for their squareish prints in mud under trees along rivers or in reed beds.

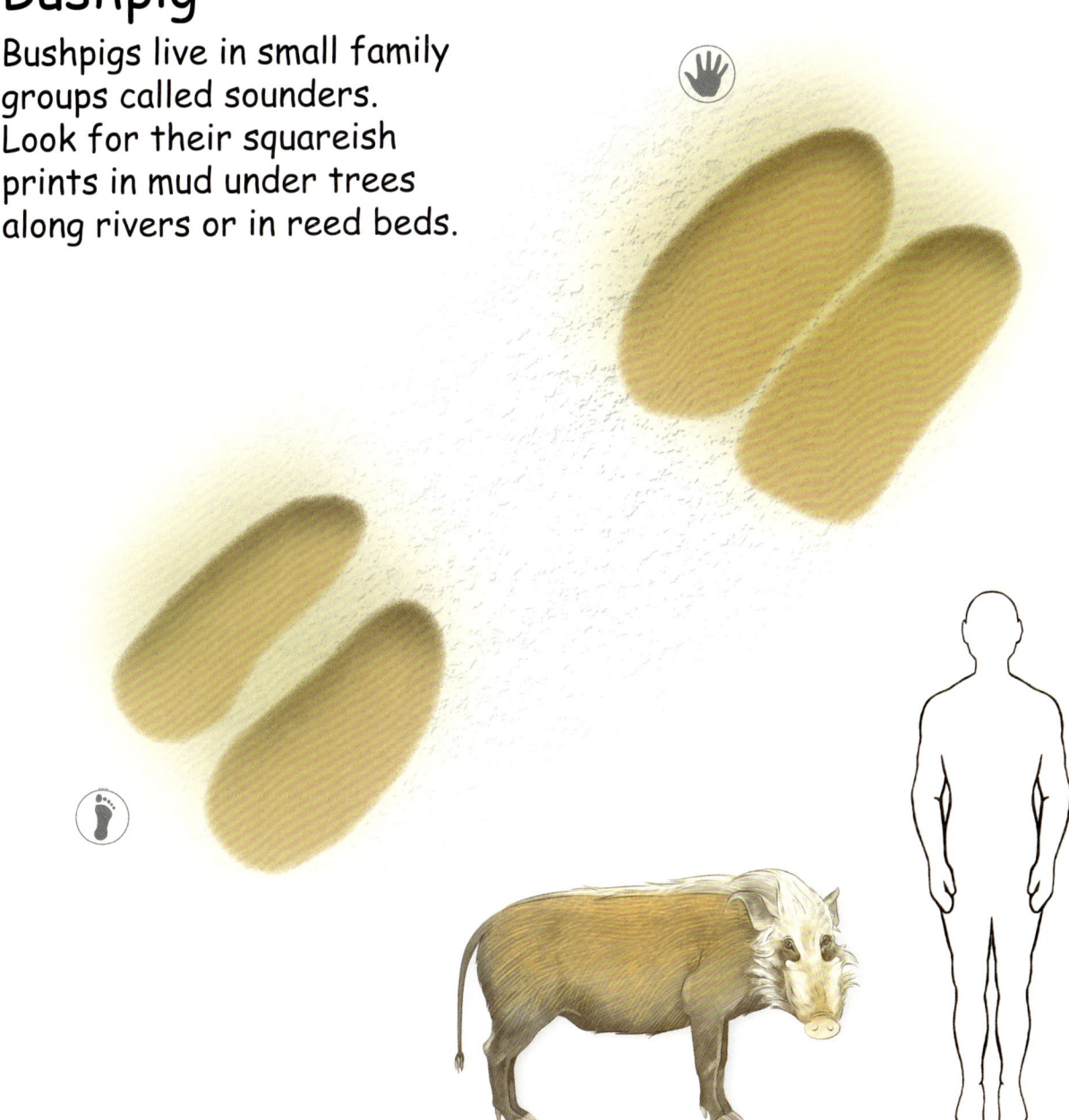

Bosvark
Bosvarke woon in klein familiegroepe wat troppe genoem word. Wees op die uitkyk vir hul vierkantige spore in die modder onder bome wat op rivieroewers groei of in rietbosse.

Ingulube yehlathi
Izingulube zehlathi zihlala zingumndeni ongamaqoqo amancane nowaziwa ngokuthi umhlambi. Bheka iminyatheliso yemikhondo yazo ethi mayibe sasikwele odakeni ngaphansi kwezihlahla eduze nemifula noma ezindaweni ezinemihlanga.

Ingulube
Iingulube zihlala zingamaqela amancinci alusapho abizwa ngokuba yimihlambi. Khangela imizila yazo ebusikwere eludakeni phantsi kwemithi kufutshane nemilambo okanye kwiindawo ezineengcongolo..

Warthog

Warthogs live in places where there is plenty of grass to eat. Females live with their babies, but males usually live alone. Look for warthog prints near waterholes.

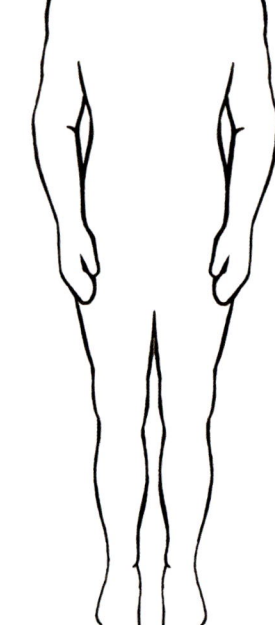

Vlakvark

Vlakvarke woon op plekke waar daar baie gras is om te vreet. Die wyfies woon saam met hul kleintjies, maar die mannetjies woon gewoonlik op hul eie. Wees op die uitkyk vir vlakvarkspore naby watergate.

Intibane

Izintibane zihlala ezindaweni ezinotshani obuningi ezizokwazi ukubudla. Ezesifazane zihlala nabantwana bazo, kodwa ezesilisa zivame ukuzihlalela zodwana. Bheka iminyatheliso yemikhondo yezintibane eduzane nemigodi yamanzi.

Inxagu

Iinxagu zihlala kwiindawo apho kukho ingca eninzi eziyityayo. Iimazi zihlala namantshontsho azo, kodwa ngokwesiqhelo iinkunzi zihlala zodwa. Khangela imizila yeengulube kufutshane neendawo zokusela amanzi.

Bontebok

The bontebok is found in only a few nature reserves. This buck lives in small herds in areas that have drinking water and short grass.

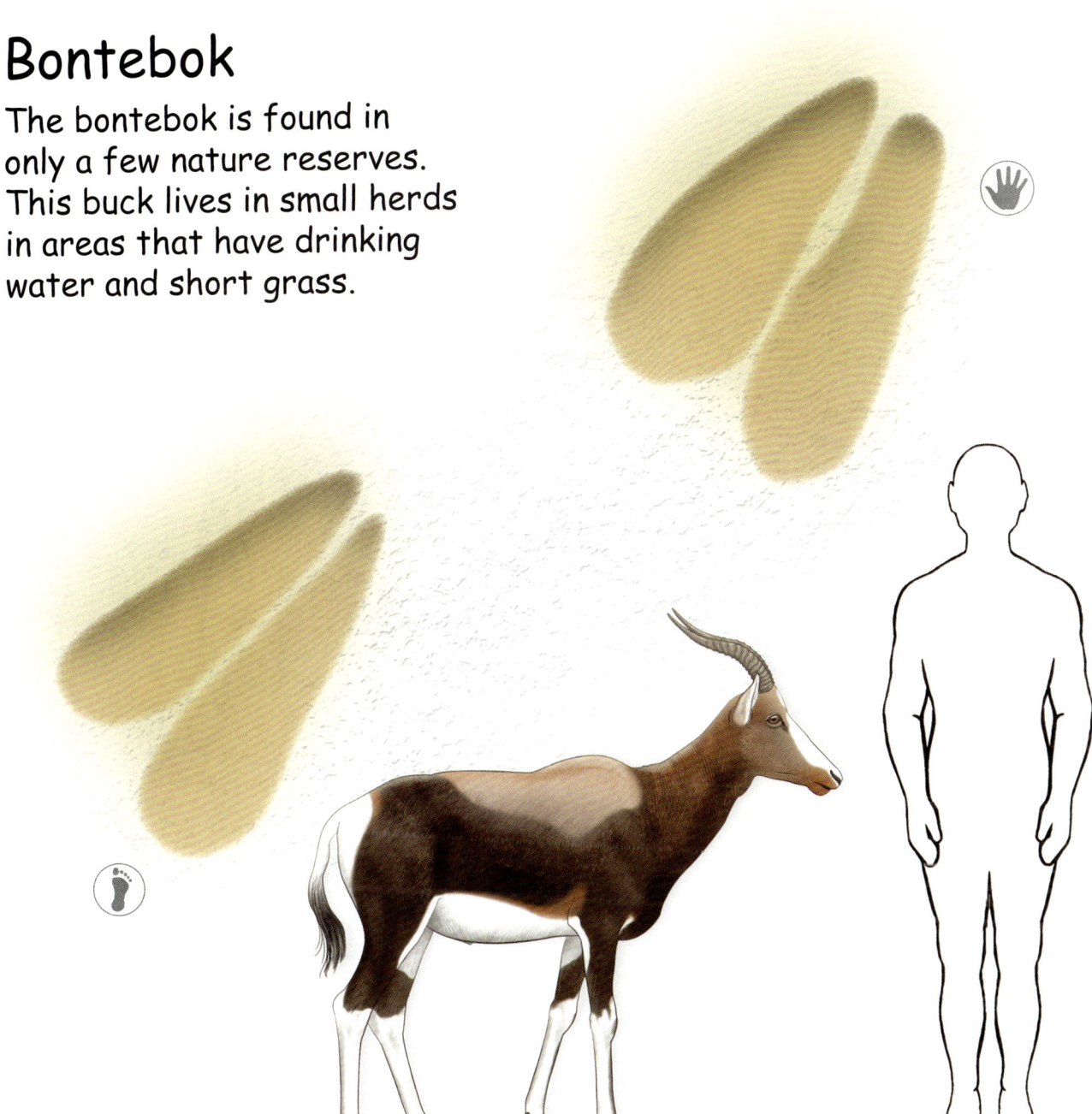

Bontebok

Die bontebok word in slegs 'n paar natuur-reservate aangetref. Hierdie wildsbokke woon in klein troppe in gebiede waar daar drinkwater en kort gras is.

Inyamazane (Bontebok)

Le nyazamazane (bontebok) itholakala ezindaweni zokulondoloza imvelo ezimbalwa nje kuphela. Le nyamazane ihlala nemihlambi emincane ezindaweni ezinamanzi okuphuza kanye notshani obufushane.

Iling'a

Iling'a ifumaneka kwiindawo zolondolozo lwendalo. Le mbabala ihlala kwimihlambi emincinci kwiindawo ezinamanzi okusela nengca emfutshane.

Bushbuck

Bushbuck live in places with plenty of trees and bushes. Their small egg-shaped footprints show the same middle split you see in all antelope tracks.

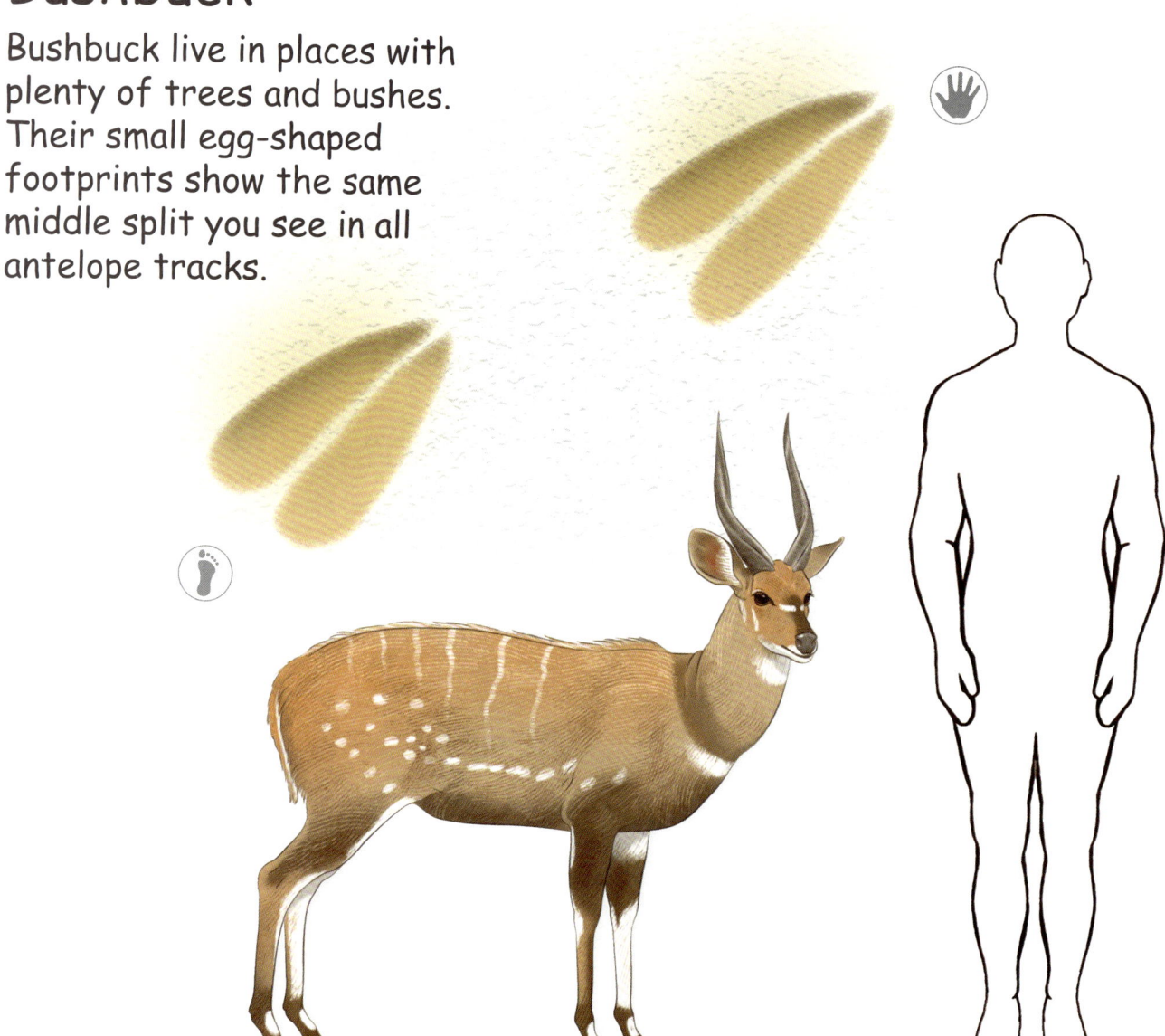

Bosbok

Bosbokke woon op plekke waar daar baie gras en bosse is. Hul klein eiervormige spore het dieselfde spleet in die middel wat 'n mens in al die spore van wildsbokke kan sien.

Unkonka

Onkonka bavame ukuhlala ezindaweni lapho kunezihlahla eziningi kanye namahlathi khona. Iminyatheliso yemikhondo yezinyawo zabo emincane emise okweqanda ibonisa ukwehlukana phakathi kwamasondo abo okuvame ukuthi kubonakale eminyathelisweni yemikhondo yazo zonke ezinye izinyamazane.

Imbabala yamatyholo

Iimbabala yamatyholo ihlala kwiindawo ezinemithi emininzi namatyholo. Imizila yamanqina azo emincinci ibonakalisa ukwahluka kubini okufanayo okubona kuyo yonke imizila yezilwanyana zasendle.

Common Duiker

These small antelope are found in places with plenty of bushes where they can hide. They live alone and are common in some areas.

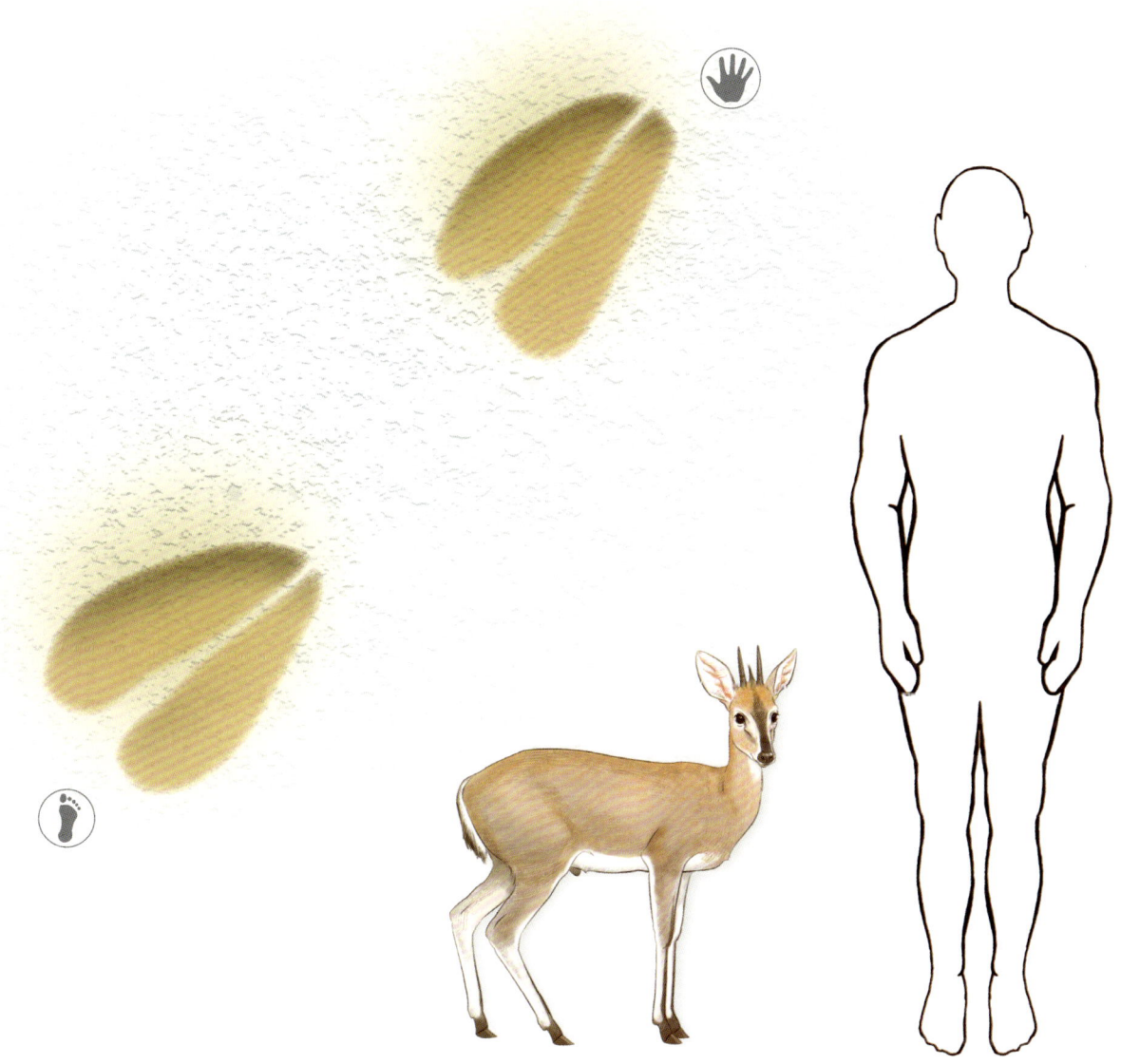

Gewone duiker
Hierdie klein wildsbokkies word aangetref op plekke met baie bosse waar hulle kan skuil. Hulle woon op hul eie en word wyd aangetref in sommige gebiede.

Impunzi
Lezi zinyamazane ezincane zitholakala ezindaweni ezinamahlathi amaningi lapho zikwazi khona ukucasha. Zihlala ngazodwana kanti zijwayelekile ukubonakala kwezinye izindawo.

Impunzi
Ezi zilwanyana zasendle zincinci zifumaneka kwiindawo enamatyholo amaninzi apho zinokuzimela khona. Zihlala zodwa kwaye zixhaphakile kwiindawo ezithile.

Steenbok

You will find steenbok tracks in dry areas where there aren't many trees or bushes. Their prints are small, quite long and very pointed. Steenbok usually live alone.

Steenbok

'n Mens kan die spore van steenbokke in droë gebiede sien waar daar nie baie bome of bosse is nie. Hul spore is klein, nogal lank en baie gepunt. Steenbokke woon gewoonlik op hul eie.

Iqhina

Amaqhina uyowathola ezindaweni ezomile lapho kungekho izihlahla noma amahlathi amaningi khona. Iminyatheliso yemikhondo yazo mincane, mide kakhulu futhi icijile kakhulu. Iqhina livame ukuzihlalela lodwana.

Itshabanqa

Imizila yetshabanqa uza kuyifumana kwiindawo ezomileyo apho kungekho mithi mininzi okanye amatyholo. Imizila yawo mincinci, mide kwaye itsolo. Itshabanqa lihlala lilodwa amaxesha amaninzi.

Klipspringer

Because they live in rocky areas, klipspringers leave very few tracks. They balance on their hoof-tips, rather like ballerinas. Each print has two peanut-shaped halves. Klipspringers usually live in pairs.

Klipspringer

Klipspringers woon in rotsagtige gebiede en los daarom baie min spore. Hulle balanseer op die punte van hul hoewe, amper soos ballerinas. Elke spoor bestaan uit twee grondboontjievormige helftes. Klipspringers woon gewoonlik in pare.

Igogo

Ngenxa yokuthi amagogo ahlala ezindaweni ezinamadwala, mincane kakhulu iminyatheliso yemikhondo yamagogo umuntu angakwazi ukuwabona. Uma eme emadwaleni azimelela abambelele ngezihloko zezinselo zawo njebadansi bebhaleyi, Umnyatheliso womkhondo wonyawo ngamunye unezingxenye ezimbili ezimise okwekinati. Amagogo avame ukuhlala ngamabili.

Ixhama

Kuba zihlala kwiindawo ezinamatye, amaxhama ashiya imizila embalwa kakhulu. Axhathisa ngencam zangaphambili zempuphu zawo, okungathi enza umdaniso webhalerina. Umzila ngamnye unamacala amabini afana nendongomane. Amaxhama ahlala ngambini amaxesha amaninzi.

Baboon

Baboons have feet and hands, but you'll see from their tracks that their big toes stick out more than ours do, and their fingers are wider apart. They live in large groups called troops.

Bobbejaan

Bobbejane het voorpote en agterpote, maar 'n mens kan aan hul spore sien dat hul groottone verder uitsteek as ons s'n. Hul vingers is ook verder uitmekaar. Hulle woon in groot familiegroepe wat troppe genoem word.

Imfene

Izimfene zinezinyawo kanye nezandla, kodwa uzobona uma ubheka iminyatheliso yemikhondo yobhozo bazo abakhulu bagqama kakhulu ukwedlula abethu thina bantu, kanti neminwe yazo yehlukene. Zihlala ziyiqoqo elikhulu elaziwa ngokuthi umhlambi wezimfene.

Imfene

Iimfene zineenyawo nezandla, kodwa uza kubona kwimizila yazo ukuba iinzwane zazo ezinkulu zinde kunezethu, kwaye neminwe yazo ichaselene kakhulu kuneyethu. Zihlala zingumhlambi omkhulu.

Vervet Monkey

Vervet monkey prints look a bit like small baboon tracks. The big toe is far apart from the other toes. Troops of these monkeys leave many tracks close to where they drink.

Blouapie

Die spore van blouapies lyk amper soos klein bobbejaanspore. Die groottone sit ver weg van die ander tone af. Troppe van hierdie apies los baie spore waar hulle water gaan drink.

Inkawu Ebuswana-bumnyama

Iminyatheliso yemikhondo yenkawu ebuswana bumnyama ibukeka sengathi ithe ukuba mincane kunemikhondo yeminyatheliso yemfene. Uzwane olukhulu luphume eceleni lwazihambela lodwana kwamanye amazwane. Umhlambi walezi zinkawu ushiya iminyatheliso yemikhondo eminingi kakhulu eduzane nalapho uphuza khona.

Inkawu

Imizila yenkawu ibufana neyemfene encinci. Uzwane olukhulu luchasele kwezinye iinzwane. Imihlambi eyezi nkawu ishiya imizila emininzi kufutshane nalapho zisela khona.

Cape Clawless Otter

It's easy to mistake an otter's tracks for the prints of a baboon or vervet monkey. Otters have five fingers on each hand and five short toes on each foot, but just four of each usually show in their tracks.

Kaapse kloulose otter (groototter)

Dit is maklik om die spore van 'n otter te verwar met die spore van 'n bobbejaan of 'n blouapie. Otters het vyf vingers aan elke voorpoot en vyf kort tone aan elke agterpoot, maar net vier hiervan wys gewoonlik in hul spore.

Umthini waseKapa Ongenamazipho

Kulula ukudidwa iminyatheliso yemikhondo yomthini uze ucabange ukuthi iminyatheliso yomkhondo wemfene noma wenkawu enobuswana obumnyama. Eminye imithini ineminwe emihlanu esandleni ngasinye kanye namazwane amahlanu amafushane onyaweni ngalunye, kodwa kuvame ukuthi kube amazwane amane ayaye abonakale eminyathelisweni yemikhondo yayo.

Intini engenazinzipho yeKapa

Kulula ukubhidanisa imizila yentini neyemfene okanye inkawu. Iintini ineminwe emihlanu kwisandla ngasinye neenzwane ezimfutshane kunyawo ngalunye, kodwa kwimizila yazo kudla ngokubonakala nje iinzwane ezine kunyawo ngalunye.

Greater Bushbaby

This bushbaby lives in trees, but often comes down to the ground at night. The big toe of each back foot stands far away from the other four toes.

Nagapie
Hierdie nagapie woon in bome, maar kom dikwels snags af grond toe. Die groottoon van elke agterpoot staan ver weg van die ander vier tone.

Isinkwe
Isinkwe sihlala ezihlahleni, kodwa isikhathi esiningi zehlela phansi ebusuku. Uzwane lwaso olukhulu onyaweni lwaso lwangemuva ngalunye lumela le kude kwezinye izinzwane ezine.

Inkawu yamatyholo
Le nkawu ihlala emithini, kodwa amaxesha amaninzi iyehla ize emhlabeni ebusuku. Uzwane olukhulu lwenqina langasemva ngalunye uchasele kakhulu kwabanye abane.

Rock Hyrax (Dassie)

These hyraxes live among rocks, so you hardly ever see their tracks. Their toes are very short and rounded and have no claws.

Dassie
Hierdie dassies woon tussen die rotse en daarom sien 'n mens amper nooit hul spore nie. Hul tone is baie kort en gerond, en hulle het geen kloue nie.

Imbila
Lezi zilwanyana zizihlalela phakathi kwamadwala, nokusho ukuthi akulula neze ukubona iminyatheliso yemikhondo yazo. Izinzwane zazo zimfushane kakhulu futhi ziyizimbulunga kanti azinawo amazipho.

Imbila
Iimbila zihlala emaweni, ngoko ke awufane uyibone imizila yazo. Iinzwane zazo zimfutshane kakhulu, zingqukuva kwaye azinazinzipho.

Hares & rabbits

Rabbits and hares can live in all kinds of places. Some even live on mountains. But they all leave a group of tracks with four footprints. Back prints are bigger than front ones and usually lie ahead of the front prints.

Cape hare
Vlakhaas
Unogwaja waseKapa
Umvundla waseKapa

Hase en konyne

Hase en konyne kan op enige plek woon. Daar is van hulle wat selfs op berge woon. Hulle los egter almal 'n groepie spore met vier pootafdrukke. Die spore van die agterpote is groter as die spore van die voorpote en is gewoonlik voor die spore van die voorpote.

Imivundla kanye nonogwaja

Imivundla kanye nonogwaja bangahlala kuzona zonke nje izindawo. Abanye bahlala ngisho nasezintabeni imbala. Kodwa bonke uma behamba bashiya iqoqo leminyatheliso yemikhondo ezidladla ezine. Iminyatheliso yemikhondo yangemuva makhulu kuneyangaphambili kanti isikhathi esiningi ivame ukuba ngaphambi kweminyatheliso yemikhondo yangaphambili.

Imivundla

Imivundla ingahlala kuzo zonke iintlobo zeendawo. Eminye yayo ihlala nasezintabeni. Kodwa yonke ishiya iqela lemizila yamanqina ayo amane. Imizila yamanqina angasemva mikhulwana kuneyangaphambili kwaye ngokwesiqhelo iba phambilana.

Aardvark

Usually just three of an aardvark's four toes show in each footprint. But you can see the marks of the big front claws that it uses to dig up tasty ants and termites.

Aardvark

Gewoonlik wys net drie van 'n aardvark se vier tone in elke spoor. 'n Mens kan egter die merke van die groot voorste kloue sien wat die aardvark gebruik om smaaklike miere en termiete mee uit te grawe.

Isambane

Isikhathi esiningi kuvame ukuthi kube izinzwane ezintathu kwezinye zesambane eziyaye zishiye imilobo onyaweni ngalunye. Kodwa ungakwazi ukubona omaka bamazipho aso amakhulu angaphambili, nokungamazipho esizisebenzisela ukumba izintuthwane kanye nemihlwa emnandi esikudlayo.

Ihodi

Ngokwesiqhelo kubonakala iinzwane ezintathu kwezine kumzila wenqina ngalinye lehodi. Kodwa ungazibona iimpawu zeenzipho zangaphambili ezinkulu elizisebenzisa ekombeni iimbovane nezinambuzane ezinencasa.

Springhare

Like kangaroos, springhares jump on their back feet leaving two prints next to each other. Each foot has three short toes with claws. Their tiny front feet are just used for digging.

Springhaas

Springhase spring net soos kangeroes op hul agterpote rond en los twee spore langs mekaar. Elke poot het drie kort tone met kloue. Hul klein voorpote word net vir grawe gebruik.

Isandlulane

Isandlulane sihamba sigxuma ngezinyawo zaso zangemuva, kanti lokhu kwenza ukuthi sishiye iminyatheliso yemikhondo emibili. Unyawo ngalunye lunamazwane amathathu amafushane anamazipho. Izinyawo zazo ezincane zangaphambili zisetshenziselwa ukumba nje.

Umvundla otsibatsibayo

Njengeekhangaru, imivundla etsibatsibayo itsibatsiba ngamanqina angasemva ishiya imizila yamanqina amabini kufutshane omnye komnye. Inqina ngalinye lineenzwane ezintathu ezimfutshane ezineenzipho. Iinyawo zayo ezincinci zangaphambili zisetyenziselwa ukugrumba kuphela.

Ducks & geese

Ducks and geese have three long toes on each foot, joined together by special skin called webbing. The toes show clearly in the tracks, but the webbing leaves marks only on soft mud.

Egyptian Goose
Kolgans
Ilowe
Ilowe

Eende en ganse

Eende en ganse het drie lang tone aan elke poot wat met spesiale vel aanmekaar geheg word wat 'n web genoem word. Die tone wys duidelik in hul spore, maar die web tussen hul tone kan slegs in sagte modder gesien word.

Amadada namahansi

Amadada namahansi anamazwane amathathu amade onyaweni ngalunye, kanti zihlanganiswe yisikhumba esithile esisalulwembu. Izinzwane zawo zibonakala ngokucacile eminyathelisweni yemikhondo yazo, kodwa le ngxenye esalulwembu ishiya omaka odakeni oluthambile kuphela.

Amadada namarhanisi

Amadada namarhanisi aneenzwane ezintathu ezinde kwinqina ngalinye, abadityaniswe lufele olulodwa olubizwa ngokuba yiwebhingi. Iinzwane zibonakala ngokucacileyo kwimizila yawo, kodwa iwebhingi iishiya iimpawu kudaka oluthambileyo kuphela.

African Penguin

You can see penguin tracks on some beaches near Cape Town. These tracks show the marks of the three toes on each foot and sometimes even the webbing.

Afrika-pikkewyn

'n Mens kan die spore van pikkewyne op sommige van die strande naby Kaapstad sien. Hierdie spore wys die merke van die drie tone aan elke poot en soms selfs die web tussen die tone.

Iphengwini lase-Afrika

Ungakwazi ukubona iminyatheliso yemikhondo yamaphengwini kwamanye amabhishi aseduzane neKapa. Le minyatheliso yemikhondo ibonisa omaka bamazwane amathathu onyaweni ngalunye kwesinye isikhathi ibonise ngisho nomnyatheliso wesikhumba esisalulwembu phakathi kwezinzwane.

Unombombiya wase-Afrika

Ungayibona imizila kanombombiya kwinxalenye yamanxweme aseKapa. Le mizila ibonakalisa iimpawu zineenzwane abathathu kwinqina ngalinye kunye newebhingi ngamanye amaxesha.

Helmeted Guineafowl

Guineafowl live in groups called flocks. Each foot has three toes that point forward and a shorter toe at the back. Francolins and spurfowls also leave prints that look like this.

Gehelmde tarentaal
Tarentale woon in groepe wat troppe genoem word. Elke poot het drie tone wat vorentoe wys en 'n korter toon aan die agterkant. Berghoenders en fisante los ook spore wat net soos hierdie spore lyk.

Impangele Elugedla
Izimpangele zihlala zibe ngamaqoqo abizwa ngemihlambi. Unyawo ngalunye lunezinzwane ezintathu ezibheke phambili kanye nozwane olufushane ngemuva. Amathendele kanye nemihluhluwen nazo zishiya iminyatheliso yemikhondo ebukeka njenga le.

Impangele enesingci
Iimpangele zihlala zingamaqela abizwa ngokuba yimihlambi. Inqina ngalinye lineenzwane ezintathu ezikhombe phambili kunye nozwane olufutshane ngasemva. Iifrankolini kunye neenkukhu zasendle ezinamajingxeba nazo zishiya imizila efana nale..

Herons & egrets

Some herons and egrets live alone, while others live in flocks. They all have long toes on each foot – three that point forward and one that points backward. You'll find their tracks near water.

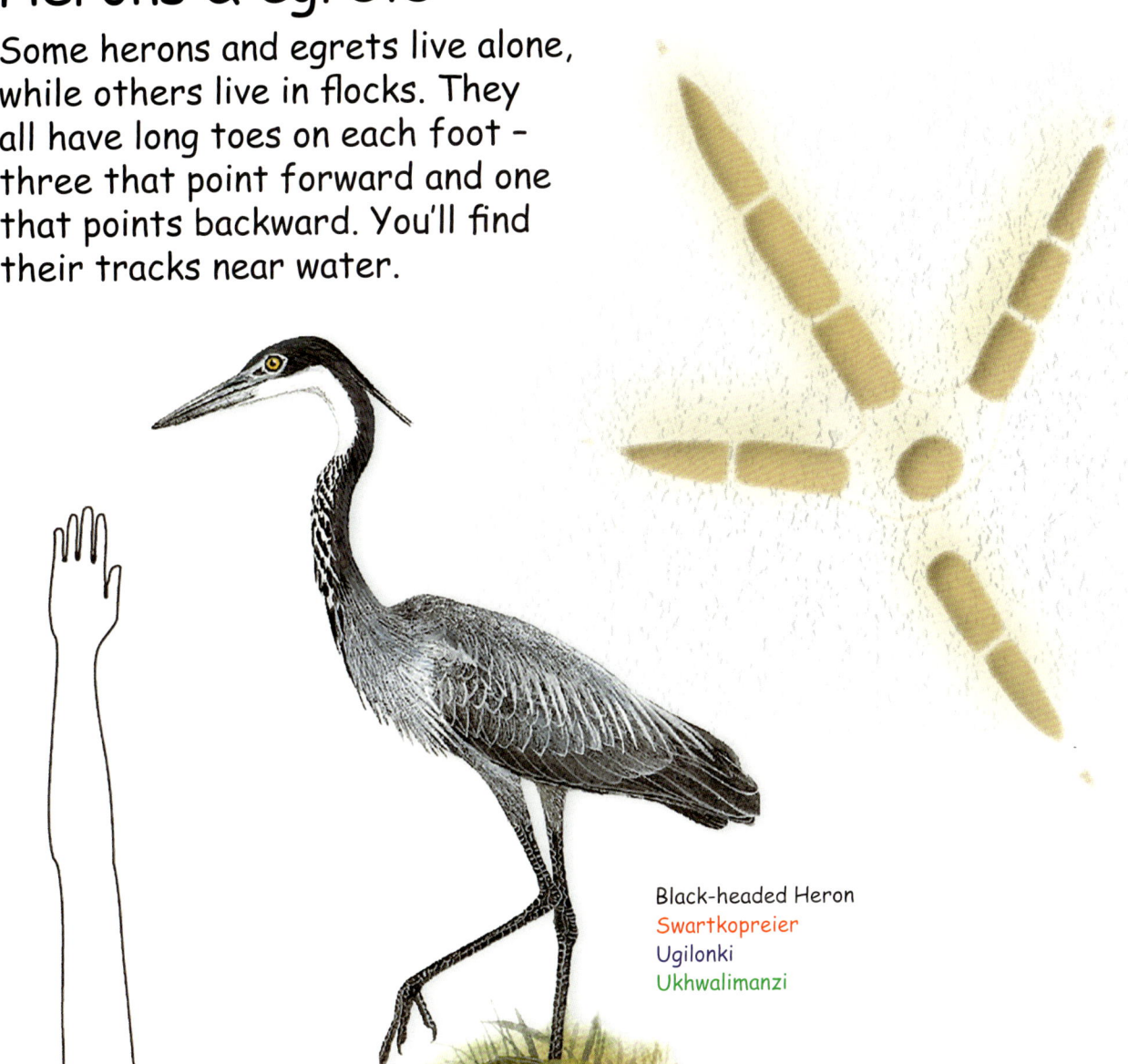

Black-headed Heron
Swartkopreier
Ugilonki
Ukhwalimanzi

Reiers en wit bosluisvoëls

Sommige reiers en wit bosluisvoëls woon op hul eie, terwyl ander weer in swerms woon. Almal van hulle het lang tone aan elke poot – drie wat vorentoe wys en een wat agtertoe wys. Hul spore kan naby water gesien word.

Amandwandwe kanye namalanda

Amanye amandwandwe kanye namalanda kuhlala kodwana, kanti amanye ahlala emihlambini. Kodwa-ke zonke zinamazwane amade onyaweni ngalunye – amathathu abheke phambili kanye nolulodwa olubheke emuva. Imilobo yawo ungayithola eduzane namanzi.

Ookhwalimanzi neengwamza

Abanye ookhwalimanzi bahlala bebodwa, ngeli lixa abanye behlala beyimihlambi. Zonke iinzwane ezinde kwinqina ngalinye – abathathu abakhombe phambili nomnye okhombe ngasemva. Uyakuyifumana imizila yabo kufutshane namanzi.

Doves & pigeons

Like many birds, pigeons and doves have three toes in front and one at the back of each foot. However, their toes point slightly inward.

Speckled Pigeon
Kransduif
Ijubantendele
Ihobe

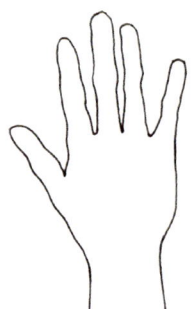

Duiwe
Net soos baie ander voëls het duiwe ook drie tone aan die voorkant en een toon aan die agterkant van elke poot. Hul tone is egter 'n bietjie na binne gedraai.

Amajuba namavukuthu
Njengazo zonke ezinye izinyoni eziningi, amavukuthu namajuba anamazwane amthathu ngaphambili bese kuba nolulodwa ngemuva konyawo ngalunye. Kodwa-ke amazwane azo athande ukukhomba ngaphakathi kancane.

Amahobe namavukuthu
Njengoninzi lweentaka, amavukuthu namahobe aneenzwane ezintathu ngaphambili nozwane olunye kwinqina langasemva. Kodwa ke, iinzwane zawo zikhombe ngaphakathi kancinci.

Ostrich

You can't miss the tracks of an ostrich. This is the biggest bird, so it has the largest feet. It has just two toes, a small outside toe and a big inside toe with a claw.

Volstruis

'n Mens kan nie die spore van 'n volstruis miskyk nie. Volstruise is die grootste voëls en het dus die grootste pote. Hulle het net twee tone: 'n klein toon aan die buitekant en 'n groot toon aan die binnekant met 'n klou daaraan.

Intshe

Angeke nje nakancane uze ugeje ungakwazi ukubona umkhondo wentshe. Lena yinyoni enkulu kunazo zonke , nokusho ukuthi inezinyawo kunazo zonke. Inamazwane amabili kuphela, uzwane oluncane lwangaphandle kanye nozwane olukhulu lwangaphakathi olunozipho.

Inciniba

Akungekhe ungayiboni imizila yenciniba. Le yeyona ntaka inkulu, ngoko ke inezona nyawo zinkulu. Ineenzwane ezimbini nje kuphela, uzwane oluncinci lwangaphandle nozwane olukhulu lwangaphakathi olunozipho.

57

Nile Crocodile

Nile Crocodiles leave giant-sized lizard trails on riverbanks. Just like lizards, their tails make a smooth middle track and their feet leave rows of footprints on each side of that.

Nylkrokodil

Nylkrokodille los reusegroot akkedisspore op rivierwalle. Net soos akkedisse maak hul sterte 'n gladde middelste spoor en hul pote los rye spore aan albei kante langs die middelste spoor.

Ingwenya yaseNile

Izingwenya zaseNile zishiya phansi imikhondo ebukeka sengathi bekuhamba isibankwa esikhulu osebeni lwemifula. Ngendlela efanayo nezibankwa, imisila yazo yenza umzila othile obushelelezi phakathi nendawo nezinyawo zazo zishiya imigqa yeminyatheliso yemikhondo ohlangothini ngalunye lwalokho.

Ingwenya zomNayile

Iingwenya zomNayile zishiya imizila yamacikilishe amakhulukazi kwiindonga zemilambo. Njengamacikilishe, imisila yazo yenza umzila waphakathi osulungekileyo aze amanqina azo ashiye umkrozo wemizila yeenyawo kwicala ngalinye lalo mzila.

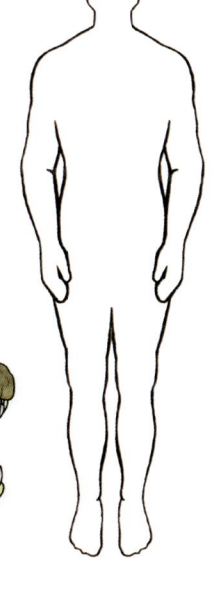

Lizards

Lizards leave three sets of marks. The tail makes a smooth middle track and the feet leave rows of footprints on either side. These trails are quite easy to find.

Giant Girdled Lizard
Ouvolk
Isibankwa Esikhulu Esimabhande
Urhoqotyeni omkhulu

Akkedisse

Akkedisse los drie stelle spore. Die stert maak 'n gladde middelste spoor en die pote los rye spore aan albei kante van die middelste spoor. Hierdie spore kan baie maklik raakgesien word.

Izibankwa

Izibankwa zishiya omaka beminyatheliso yemikhondo abangamasethi amathathu. Umsila wazo uzenzela owawo nje umaka obushelelezi kahle ophakathi nendawo bese kuthi izinyawo zazo nazo zishiye omaka bezindawo ngapha nangapha. Le mikhondo kulula ukuyilandela nokuyithola.

Amacikilishe

Amacikilishe ashiya iintlobo ezintathu zeempawu. Umsila wenza umzila waphakathi osulungekileyo zize iimpawu zamanqina zibe kwicala ngalinye. Kulula kakhulu ukuyifumana imizila yawo.

Tortoises

All tortoises leave two rows of footprints. These rows are always far apart, because a tortoise's feet come out of the sides of its broad shell.

Angulate Tortoise
Bontskilpad
Ufudu Olunegeja
Ufudo olunembombo

Skilpaaie
Alle skilpaaie los twee rye spore. Hierdie rye is altyd wyd uitmekaar, omdat skilpaaie hul pote aan die kante van hul breë doppe uitsteek.

Izimfudu
Zonke izimfudu zishiya omaka beminyatheliso yemikhondo yezinyawo abayimigqa ehamba ngamibili. Le migqa ihlala njalo yehlukene, ngoba phela izinyawo zofudu ziphuma emaceleni egobolondo lalo elibanzi.

Amafudo
Onke amafudo ashiya imigca emibini yemizila yamanqina. Le migca ichaselene ngalo lonke ixesha, kuba iinyawo zofudo ziphuma emacaleni eqokobhe lwalo olubanzi.

Insects

All the different insects leave the same kind of trail. Like tortoises and lizards their feet are quite far apart, making two matching rows of prints.

Brush Jewel Beetle
Juweelkewer
Ibhungane Elisabhulashi Lobucwebe
Uqongqothwawe

Insekte

Al die verskillende soort insekte los dieselfde soorte spoor. Net soos skilpaaie en akkedisse is hul pote nogal ver van mekaar af en los hulle twee rye spore wat dieselfde lyk.

Izinambuzane

Zonke izinambuzane ezahlukene zishiya imikhondo efanayo. Njengezimfudu kanye nezibankwa izinyawo zazo zehlukene kakhulu zishiya imigqa engomaka abahamba ngababili abafanayo.

Izinambuzane

Zonke iintlobo zezinambuzane ezahlukileyo zishiya uhlobo olunye lomzila. Njengamafudo namacikilishe imilenze yazo ichaselene kakhulu, zitsho zenze imigca emibini yokrozo lwemizila efanayo ngapha nangapha.

Snakes

Only a few snakes, like pythons, move in a straight line. Most of them sweep their bodies from side to side, leaving a wavy track.

Mozambique Spitting Cobra
Mosambiekse spoegkobra
Imfezi Enguphempethwayo
Isikhotsholo i-Mfezi

Slange
Daar is slegs 'n paar soorte slange soos luislange wat in 'n reguit lyn beweeg. Die meeste van hulle beweeg hul liggame heen en weer en laat 'n gegolfde spoor agter.

Izinyoka
Zimbalwa kakhulu izinyoka ezihamba ziqonde zithi thwi, njengenhlwathi. Iningi lezinyoka uma lihamba kungathi liyashanela phansi ngemizimba yalo, liya ngapha nangapha lishiye umnyatheliso wokhondo omise okwamagagasi.

Iinyoka
Ziinyoka ezimbalwa kakhulu, ezifana neentlwathi, ezihamba ngomgca othe tse. Uninzi lwazo ziyazibhijabhija xa zihamba, zitsho zishiye umzila ogosogoso.

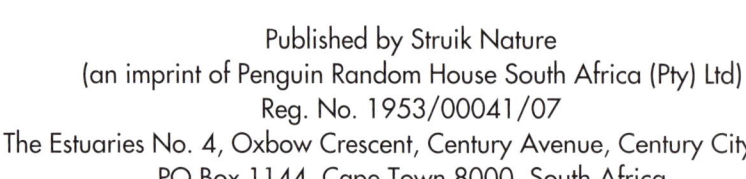

Published by Struik Nature
(an imprint of Penguin Random House South Africa (Pty) Ltd)
Reg. No. 1953/00041/07
The Estuaries No. 4, Oxbow Crescent, Century Avenue, Century City 7441
PO Box 1144, Cape Town 8000, South Africa

Visit www.penguinrandomhouse.co.za and join the Struik Nature Club
for updates, news, events and special offers

First published 2014

7 9 10 8 6

Copyright © in text, 2014: Chris and Mathilde Stuart
Copyright © in illustrations, 2014: Penguin Random House South Africa (Pty) Ltd,
© Sally MacLarty, except for
pp. 52–57, p.64 top left, back cover top left and front cover top left
© Peter Hayman
Copyright © in published edition, 2014: Penguin Random House
South Africa (Pty) Ltd

Publisher: Pippa Parker
Managing editor: Helen de Villiers
Editor: Emily Bowles
Designer: Neil Bester
Translator: Indigo Language Solutions
Illustrator: Sally MacLarty (mammals, reptiles and insects);
Peter Hayman (birds)

Reproduction by Hirt & Carter Cape (Pty) Ltd
Printed and bound in China by C&C Offset Printing Co., Ltd

All rights reserved. No part of this publication may be reproduced, stored in
a retrieval system, or transmitted, in any form or by any means, electronic,
mechanical, photocopying, recording or
otherwise, without the prior written permission
of the copyright owner(s).

ISBN 978 1 77584 038 1
ePub 978 1 77584 148 7

For more information on the mobile apps
based on the *My First Book Of* series, visit
http://www.youngexplorerapps.com